O TARÔ DAS ESTRELAS

O TARÔ DAS ESTRELAS

Elizabeth Martin

EDITORA

Revisão de textos: Rosemarie Giudilli

Diagramação: Décio Lopes

Dados de Catalogação da Publicação

Martin, Elizabeth

O Tarô das Estrelas / Elizabeth Martin | 1ª edição | São Paulo, SP | Editora Isis, 2018.

ISBN: 978-85-8189-103-3

1. Tarô 2. Arte Divinatória I. Título.

EDITORA ISIS LTDA
www.editoraisis.com.br
contato@editoraisis.com.br

Agradecimentos

Comumente se diz que nenhum livro é somente uma obra do autor e, neste caso, isso é mais verdadeiro do que nunca. São muitas as pessoas a quem estou muito agradecida pelos seus desinteressados ensinamentos que seria impossível nomeá-las a todas. Contudo, quero agradecer a todos que colaboraram para a conclusão deste belo tarô. Devo à sua generosidade os dados astronômicos e mitológicos da Estrela Sírio, a simbologia das cores e do octógono e as características e especificações de cada um dos Arcanos Maiores. Obrigado, Marcela, por sua ajuda desinteressada e por sua paciência.

Agradecimentos

Sumário

Sumário

1

Um passado legendário

Segundo uma antiga lenda hindu, houve um tempo em que todos os homens eram deuses. Mas, eles abusaram tanto da sua divindade que Brahma, o chefe dos deuses, decidiu tirar deles o poder divino e escondê-lo em algum lugar onde fosse impossível para eles achá-lo de novo. A partir de então, o difícil foi encontrar esse lugar.

Os deuses menores foram, por sua vez, convocados a um conselho para resolver esse problema. Primeiramente, o propuseram enterrar a divindade do homem na terra. Mas Brahma respondeu: "Não, isso não é suficiente porque o homem cavará nela e a achará".

Os deuses replicaram: "Nesse caso, joguemos a divindade no mais profundo dos oceanos". Mas Brahma respondeu de novo: *"Não, já que cedo ou tarde o homem explorará as profundidades dos oceanos e, não há dúvidas de que um dia a encontrará e a levará de novo à superfície"*.

Finalmente, os deuses menores concluíram: *"Não sabemos onde escondê-la, pois parece que não há nenhum lugar na terra ou no mar onde o homem não possa achá-la um dia."*

Brahma, por sua vez, disse: *"Já sei o que faremos com a divindade do homem: a esconderemos no mais profundo dele mesmo, porque é o único lugar onde ele nunca vai buscar."*

Desde então, o homem tem dado a volta ao mundo, tem explorado, escalado as alturas, submergido nas profundidades e escavado a terra, procurando algo que se encontra dentro nele mesmo.

Outra antiga lenda, dessa vez egípcia, faz referência a um livro de conteúdo divino e caráter mágico atribuído ao Deus Thot. Conta-se que esse livro, formado por 78 lâminas, foi jogado ao Nilo dentro de seis cofres hermeticamente fechados, um dentro do outro, sendo que o último deles era totalmente de ouro.

O livro continha todo o saber acerca do princípio e do fim da vida. Continha conhecimento de tal índole que quem o fizesse seu não precisaria de nada mais. Trata-se de um conhecimento com o qual se conquista qualquer outro conhecimento. Portanto, refere-se a um saber para o qual não estão preparados os mortais comuns. Somente o homem verdadeiramente sábio decifraria e compreenderia o verdadeiro sentido das figuras descritas nas lâminas ou pranchas que compõem o livro. Quem conseguisse essa compreensão seria automaticamente elevado a um nível superior, semelhante ao dos deuses e se transformaria, descobriria sua essência divina e encontraria sua própria divindade.

Para alguns, esse livro lendário e maravilhoso, que nos capacita a descobrir nossa própria divindade, tão bem escondida na fábula hindu, não seria outra coisa que o Tarô, conjunto de 78 cartas, utilizado amplamente na atualidade com finalidades adivinhatórias e também como forma de instrumento de introspecção e de autoconhecimento.

2

Uma origem misteriosa

Para além das lendas, o certo é que atualmente não há dados históricos que provêm a conexão do Tarô com o antigo Egito. Até onde nós sabemos, o jogo de Tarô, composto de 78 cartas (22 Arcanos Maiores e 56 Menores, que por sua vez estão divididos em quatro espécies ou paus: ouros, copas (taças), espadas e paus), apareceu pela primeira vez no Norte da Itália, em princípios do século XV. Entretanto, cem anos antes já existiam jogos de cartas formados apenas pelos "quatro paus" ou Arcanos Menores. Parece que em algum momento, possivelmente na primeira metade do século XV, os Arcanos Maiores, então chamados "triunfos", foram incorporados a esses jogos de cartas, de onde procediam os "triunfos", cujo autor ou autores continua/continuam sendo um grande mistério.

Além da teoria da origem egípcia, defendida por eruditos como Court de Gébelin, Etteila e Papus, existem outros que, como Paul Foster Case, acreditam que o Tarô foi composto aproximadamente no ano 1200 da nossa Era, por um grupo de sábios reunidos na cidade de Fez, no Marrocos. Outros lhe atribuem origem puramente europeia renascentista, afirmando que ele deriva da baralha conhecida por "Cartas de Mantegna", popular no Norte da Itália em meados do século XV, e que era formada por cinquenta lâminas utilizadas para ensinar as crianças. Vinte e duas das cartas de Mantegna tinham semelhanças notáveis com dezesseis cartas do Tarô. Também há quem afirme que o Tarô chegou do Extremo Oriente, trazido pelos mercadores venezianos. Apesar de ser verdade que os primeiros jogos de cartas dos que se têm registro apareceram na China por volta do século X de nossa Era, comprovam alguma semelhança com o Tarô ou com os jogos de cartas europeus.

3

O Tarô no século XX

No final do século XVIII, o Tarô deixou de ser um jogo de cartas quase esquecido, tornou-se um poderoso instrumento de adivinhação e um sistema esotérico coerente, sobretudo, graças às obras publicadas por Court de Gébelin e seus seguidores, que evidenciaram muita da simbologia presente nos Arcanos Maiores. Não obstante, é no século XX que o Tarô alcança uma difusão antes insuspeitada, tanto pelo nível e profundidade das obras publicadas, quanto pela qualidade e quantidade de formas e desenhos que surgiram. O impulso inicial veio de alguns autores de finais do século XIX como Papus, mas principalmente da Aurora Dourada ou *Golden Dawn*, ordem esotérica fundada em Londres por um grupo de ocultistas e eruditos. A ordem *Golden Dawn* durou somente alguns anos, mas a sua influência no ocultismo do século XX tem sido impressionante e, de fato, continua até hoje.

A ordem *Golden Dawn* criou um sistema mágico moderno que integrava de um modo coerente diferentes disciplinas: a Cabala, o Tarô, a Alquimia, a Astrologia e a Numerologia. Seus membros eram buscadores sérios que deviam realizar um trabalho impressionante e passar por uma série de iniciações cada vez mais complicadas, estudando os temas apenas citados, fazendo parte de rituais e tratando de obter visões espirituais.

Além disso, tinham de ter um diário onde descreviam todas suas experiências e, sobretudo, deviam meditar diariamente sobre as imagens do Tarô.

Na *Golden Dawn* o Tarô adquiriu um contexto esotérico jamais visto antes. Foi vinculado com praticamente todas as tradições antigas e usado de um modo muito criativo. Cada membro tinha de desenhar seu próprio Tarô, baseando-se nas instruções que recebiam da ordem. Os triunfos dos Arcanos Maiores (que desde então passaram a se chamar "chaves") foram considerados como portas através das quais a imaginação penetrava em níveis profundos do Ser. Às diversas cartas foram atribuídos diferentes "graus" ou níveis e eram utilizadas profusamente em numerosos rituais e iniciações. Entre as figuras mais importantes da *Golden Dawn* relacionadas como o Tarô destacam-se MacGregor Mathers, Aleister Crowley, Arthur Edward Waite e Paul Foster Case. Os três últimos foram criadores de três maços que continuam a ser usados até hoje.

A. E. Waite

Com quase cem anos de vida, o Tarô de Waite é o mais conhecido e o mais utilizado dos tarôs modernos. Seu autor ficou responsável em 1903 pelo templo de Londres da Golden Dawn. Decidido a corrigir os muitos mal-entendidos e especulações que existiam sobre o Tarô, na sua obra *La Clave Pictórica del Tarot*, publicada em 1910, colocou o Tarô sob uma luz totalmente nova e marcou a pauta para grande parte do que seria escrito acerca desse tema durante todo o século XX. Segundo ele "o Tarô é uma representação simbólica de ideias universais, nas quais está baseada a mente e o comportamento humano e, neste sentido, contém uma doutrina secreta, à qual é possível aceder, pois de fato, *já está presente na* consciência de todos nós, mesmo que o homem ordinário passe a vida sem reconhecê-la."

Uma importante contribuição de Waite à interpretação do simbolismo do Tarô foi a inclusão da alquimia. Para Waite, a alquimia era um processo psicológico e espiritual no qual a finalidade do adepto seria purificar seu ser interno e alcançar níveis de consciência cada vez mais elevados. O Tarô desenhado por ele e colorido por Pamela Colman Smith, foi publicado em 1910 pela empresa Rider & Co., por isso o nome Rider-Waite pelo qual é também conhecido. Uma das muitas inovações introduzidas por Waite, e que seria seguida por quase todos os tarôs posteriores, é a inclusão de cenas e paisagens nos Arcanos Menores.

Aleister Crowley

Crowley foi, sem dúvida, o aluno mais famoso da *Golden Dawn*. Na sua vida não faltou excentricidade nem escândalo, contudo, foi um sério estudioso do esoterismo, muito perceptivo e com uma grande imaginação. Em 1938, Lade Frieda Harris lhe pediu para trabalhar com ela em um tarô que pensava desenhar, influenciada pela leitura do livro de Ouspenski *Un nuevo modelo de universo* (no qual Ouspenski descreve com detalhes suas ideias e teorias sobre o Tarô). A colaboração entre Harris e Crowley durou seis anos e o resultado foi um tarô muito interessante e totalmente diferente aos existentes até então, com uma rica simbologia procedente da cabala, da maçonaria, dos Rosacruz, da magia, da alquimia, da psicologia, do budismo, da astrologia, da química e das matemáticas, por citar apenas algumas das tradições e das ciências.

Em 1944, um ano antes da morte de Crowley – foram impressos apenas 200 exemplares, não sendo realmente editado até o ano 1969. Em 1944 Crowley ainda publicou sua obra principal *El Libro de Thoth*, na qual explica seu Tarô com grande sensatez e originalidade. Segundo ele, o Tarô deveria ser entendido tal qual uma representação pictórica das Forças da Natureza, assim como eram concebidas pelos homens da antiguidade e segundo o simbolismo convencional. As ideias de Crowley acerca do Tarô eram basicamente as da *Golden Dawn*, enriquecidas com as novas descobertas científicas, tanto no campo da física quanto da nova psicologia de C. G. Jung, para ele o Tarô era um instrumento simbólico, cuja utilização prática podia se tornar um caminho de conhecimento, de transformação e de iluminação.

Paul Foster Case

Foi o responsável pela sede de Nova Iorque da *Golden Dawn*, razão pela qual foi sua máxima autoridade nos Estados Unidos e no Canadá. Não obstante, a sua relação com a ordem foi se deteriorando até que finalmente em 1920 Case formou a sua própria escola que chamou de Construtores do Adetum, mais conhecida por B.O.T.A. pelas suas iniciais em inglês (Builders of the Adetum).

Publicou seu livro *El Tarot*, em 1927 e o Tarô de B.O.T.A. em 1931, sendo seu tarô muito parecido com o de Waite, com a particularidade de que os desenhos são em branco e preto para que o usuário possa pintá-los pessoalmente, algo muito parecido com o que se fazia na *Golden Dawn*. Em 1933, Case levou B.O.T.A até Los Angeles, onde construiu um templo dedicado ao Tarô e à Cabala, a partir do qual começou a difundir cursos por correspondência em *nível internacional que* continuam a existir até hoje. Apesar de estar baseado nos ensinamentos da *Golden Dawn*, o enfoque de Paul Foster Case sobre o Tarô é novo, em parte porque junto às associações cabalísticas de cada um dos Arcanos Maiores (também chamados de "chaves" como na *Golden Dawn*) inclui interessante dimensão psicológica em que incorpora teorias de Freud e de Jung, dando uma aparência mais aberta, um ar mais americano ao estudo das cartas.

Nas últimas décadas a produção de tarôs, tanto nos Estados Unidos quanto em diversos países europeus, destacando-se *a*

Itália, tem aumentado e a beleza e a originalidade de alguns dos novos desenhos são admiráveis, muitos deles chegam a romper com as rígidas teorias e os significados historicamente assinados *às* cartas. Ao mesmo tempo, o fato de que eruditos amplamente reconhecidos como Mircea Eliade e, sobretudo, Carl Gustav Jung, tenham se ocupado com seriedade dos temas chamados "esotéricos" entre os que o Tarô ocupa um lugar especial, tem lhe conferido uma categoria que jamais vista antes.

Por outro lado, o interesse do público nesse instrumento de adivinhação e autoconhecimento tem se intensificado ultimamente, fazendo que a publicação de tarôs e de livros a respeito experimente inusitado destaque. Os sites dedicados ao Tarô são muito abundantes – tanto os informativos quanto os que oferecem leituras online – e sua qualidade notável.

Recebemos com prazer esse ressurgir do Tarô que tem nos permitido acessar a maços de grande beleza e profundidade como é o caso do presente Tarô das Estrelas, criado pela pintora Marcela García.

4

Dados astronômicos da Estrela de Sírio

Depois do Sol e da Lua, Sírio é possivelmente o astro mais comtemplado pelos olhos humanos, por ser a estrela mais brilhante do firmamento e por ter uma luminosidade que permite sua observação sem ajuda de aparelhos especializados.

Chamada a pérola estelar do firmamento, Sírio forma parte da Constelação Canis Major (Cão Maior) posicionada nos limites da Via Láctea. O Cão Maior está circundado por Monoceros e Orião, ao oeste por Lepus, e ao sul e sudeste por Columba e Puppis. Alguns autores estabelecem sua distância a 8,5 anos luz, outros a marcam entre 8,7 e outros a 8,9. A sua luminosidade é mensurada em 23 ou 26 vezes maior que a do Sol. É de cor branca intensa e tem uma temperatura de 10.000 graus centígrados.

Sírio define-se como um sistema solar duplo, formado por uma estrela principal Sírio A. e por uma companheira, Sírio B ou o Cachorro, estrela anã branca que não se observa com facilidade devido à intensa luz emitida por Sírio A.

Recentemente, descobriu-se que esse sistema estelar conta com uma terceira estrela, Sírio C, anã, vermelha, muito pouco brilhante, cuja massa seria 500 vezes menor que a do Sol.

A hipótese de que Sírio configura um sistema estelar triplo tem sido formulada como resultado de complexos cálculos astronômicos, não obstante, essa hipótese ainda não tenha sido cientificamente comprovada, uma vez que até agora não foi possível a observação visual da terceira estrela. Parece que a existência de Sírio como sistema estelar triplo já tinha sido considerado por civilizações antigas. Um exemplo disso é o vocábulo iraniano Tistrea que tem sua origem na palavra sânscrita Tri-stri que significa três estrelas. Tistrea foi um dos nomes conferidos à Estrela Sírio na antiguidade.

5

Sírio e sua relação com a mitologia

Provavelmente, o brilho e a beleza de Sírio tenham sido a causa de que se lhe atribuíssem poderes extraordinários desde tempos remotos. Há diversos relatos a respeito da Constelação do Cão Maior e da Estrela Sírio que as colocam em um lugar privilegiado nas páginas da mitologia.

O Cão Maior representava para os egípcios o Deus Anúbis. Estudos arqueológicos têm encontrado certa correspondência entre os tempos egípcios e as estrelas, alguns dos quais foram construídos de tal forma que a luz da estrela penetrava nas suas câmaras interiores para iluminá-las. A presença da estrela vinculava-se diretamente às inundações do Rio Nilo, e acrdita-se que o vocábulo Sírio deriva da palavra egípcia que dava nome ao Rio (Siris).

Durante o quinto milênio a.C. os egípcios comprovaram que a aparição da Estrela Sírio, da Constelação Canis Major, coincidia com a cheia do Nilo e o solstício de verão e que, a cada quatro anos, a estrela demorava mais um dia para aparecer. Não demoraram em fazer bom uso desse fato que lhes permitiu regular o ciclo luar. A aparição da estrela no horizonte, coincidindo com a saída do sol, constituiu a base do ano egípcio e permitiu conhecer com precisão o início dos solstícios de verão e inverno.

Essa descoberta foi muito importante para os egípcios e representou muito mais do que a solução de um antigo problema. Daí que Sírio assumisse qualidades míticas e simbólicas; foi identificada com Ísis, rainha dos céus. Foi chamada Sothis, *wp rnpt* ou "a Grande Dama", a que começava cada ano. Enquanto deusa e estrela foi amada pelos egípcios igual a uma companhia constante e querida. A iconografia egípcia apresenta, com frequência, Ísis ao lado das deusas Anukis e Satis, e há quem relacione estas companheiras de Ísis com as estrelas B e C, o que levaria a supor que desde aquela época Sírio era considerava um sistema estelar triplo.

Osíris, o deus bom dos egípcios, foi também em algumas épocas vinculado à Sírio. O hieróglifo que representa essa deidade inclui um olho e um trono, elementos interpretados como corpos astrais. A partir dessa imagem gráfica, criou-se a teoria de que o sol traça sua órbita de rotação ao redor de Sírio, razão pela qual há hipóteses que mostram Sírio como o centro do nosso sistema solar.

A obra *El camino del León*, publicado em espanhol em 1988 por essa mesma casa editorial, resume os trabalhos de um estudioso norte-americano que utiliza o pseudônimo de Musaios. Com base na tradução de certos hieróglifos egípcios e em complicados cálculos matemáticos, Musaios afirma que o sistema de Sírio é a origem de certas influências e emanações benéficas que ao chegarem à terra têm condições de acelerar o desenvolvimento e a evolução espiritual do ser humano.

Alguns estudiosos mencionam Ísis e Hórus criança como equivalentes da Virgem e do neném Jesus, assim, seria possível encontrar certa correspondência entre Sírio e a bíblica Estrela de Oriente.

Para os gregos, o Cão Maior simbolizava os velozes cães que acompanhavam Orião, deus caçador dotado de força invencível. Artemisa, deusa das selvas, bosques e montanhas está também intimamente relacionada com Sírio. Foi Artemisa, personificação de Sírio, quem deu morte a Acteon. A saída de Sírio anunciava o calor e a Canícula, o "dia dos cães"; a relação de Sírio com os solstícios de inverno e verão também foi conhecida pelos gregos. Outra explicação sobre a origem do nome Sírio encontra-se no vocábulo grego *seirios* que significa brilhante.

A influência de Sírio é forte em alguns grupos étnicos. A informação mais polêmica neste sentido corresponde aos dogon, dogom o dogons, etnia primitiva que habita no planalto central de Mali, no ocidente da África. Afirma-se que esta comunidade possuía profundos conhecimentos acerca de astronomia desde tempos antigos, especificamente sobre Sírio, estrela que intervém de forma relevante nos seus mitos e costumes.

O triplo sistema estelar de Sírio forma parte da história dos dogons. Sírio A era conhecida por eles como "Sigu Tolo" ou a "Estrela Sigui". A estrela Sírio B era conhecida como "Po Tolo", "Estrela dignitária". Segundo eles, Po Tolo *é a* primeira estrela criada por Amma, eixo e criador do universo.

A Sírio C era chamada de "Emme Ea", "O Sol das mulheres" ou "Sorgo fêmea". Para os dogons, Sírio e o Sol do nosso sistema planetário são estrelas gêmeas que tiveram origem comum. Este grupo étnico representa Sírio com uma forma que se assemelha ao "O ovo do mundo", figura que mantém certa semelhança com a da *órbita* traçada por Sírio.

Conta-se que, aproximadamente no ano 3.000 a.C, chegaram à Terra seres procedentes de um satélite de Sírio C, o Emme Ea. Estes viajantes espaciais exerceram funções de mestres e proporcionaram aos dogons informação astronômica de grande precisão.

Os extraterrestres, deuses menores anfíbios, foram enviados por Amma para instruir os membros da tribo. Tais mestres são conhecidos pelos dogons como Nummos ou Nommos. As evidências que confirmariam a teoria de que os dogons foram assistidos por mestres celestiais carecem de fundamentos comprováveis, razão pela qual têm sido amplamente rejeitados pelos científicos contemporâneos.

Contudo, os dogons não foram os únicos a vincular Sírio com sua vida e religião. Na história dos sumérios encontram-se recortes relacionados com a estrela. Em Mesopotâmia, já desde o 1.500 a.C, Sírio era conhecida por Kak-Si-Di, "a estrela frecha" e lhe se dedicava um mês do ano, enquanto que na antiga China, Sírio era conhecida por Tian Lang, isto é, "o chacal celestial". Os bambara, os bozo e os minianka, vizinhos dos dogons, possuíam também importantes conhecimentos relacionados com as características astronômicas de Sírio.

Tanto Sírio A quanto o Sol se tornarão estrelas anãs brancas, estrelas de alta densidade e extremadamente quentes que depois perderão de forma gradual sua temperatura e luminosidade. Assim, a estrela mais brilhante do firmamento se apagará muito lentamente. Felizmente, passarão vários milhões de anos antes que esse feito se torne realidade. Enquanto isso, continuaremos a desfrutar de sua beleza, e novas páginas serão escritas para descrever seus atributos reais ou imaginários.

6

O Tarô das Estrelas

É provável que os poderes atribuídos às estrelas fiquem muito longe de ser verdadeiros, porém, o que não deve ser negado é a maravilhosa luz que inspirou autores tais quais Horácio, Ovídio, Virgílio ou Kant.

A importância astronômica, destacada influência na vida de culturas tão importantes como a grega e a egípcia e a indiscutível beleza são algumas das razões que levaram Marcela García a desenhar esse tarô em que as estrelas do Universo são apresentadas como figuras principais, como elementos integradores dos símbolos mágicos contidos em cada um dos 78 arcanos que o conformam.

Em todas as chaves desse tarô apresenta-se a Constelação do Cão Maior expressada de forma esquemática por 8 estrelas, uma das quais, muito mais brilhante e maior que o resto, representa a Estrela Sírio.

As cores

A cor usual para reproduzir pictoricamente um céu estrelado é o azul intenso, por isso esta cor predomina nos 78 arcanos do Tarô das estrelas, que tem por cenário principal a abóbada celeste.

A cor azul é uma das três cores primárias e representa a espiritualidade. O mar e o céu, o manto da Virgem Maria, a túnica de Jesus ao instruir os discípulos; a capa de Odin e o fundo em que se coloca a figura do Buda são azuis.

A cor azul é considerada símbolo da verdade e da eternidade de Deus. O diamante, pedra preciosa por excelência, emite faixas azuis. Paz, estabilidade, silêncio, lealdade, honestidade, bem-estar, virtude, trabalho, transcendência, distância, infinito, imaterialidade, profundidade, divindade e espaço vazio são alguns dos valores que se evocam com a presença da cor azul. Psicólogos e terapeutas usam luzes e pigmentos azuis para desenvolver a intuição e a sensibilidade psíquica.

Pelas suas qualidades cromáticas, a frequência vibratória da cor azul propicia a contemplação e a reflexão, estados que favorecem a leitura e a compreensão dos símbolos contidos nesse Tarô.

O azul é a cor do artístico, do místico e do poético por excelência. Representa o idealismo extraterreno em contraposição com o materialismo, simbolizado pela cor vermelha. O azul é uma cor tranquilizante e de grande poder regenerador. Domina as paixões corporais, eleva os pensamentos e colore os sentimentos de religiosidade e devoção. Se quisermos nutrir nosso mundo interior com ideais e esperanças devemos olhar com mais frequência os tons azuis que possui o céu e que reflete o mar. A melhor forma de atrair o azul para o nosso interior é mediante a respiração. Ao aspirarmos profunda e pausadamente o ar puro nos carregamos da cor azul e aproveitar, no nosso interior, sua influência espiritual. Se uma paixão nos absorve, a respiração profunda e pausada nos dará resistência para evitar suas funestas consequências. A respiração rítmica, contemplando-se um dos Arcanos Maiores do Tarô das Estrelas, nos dará calma nos momentos de emoções bruscas, violentas. O chakra da garganta, que é a porta entre o físico e o espiritual, é o onde a cor azul se concentra.

A maioria dos personagens do Tarô das estrelas vestem roupas em tons violetas e verdes, por serem cores secundárias surgidas de uma mistura entre o azul e outro pigmento. Assim, as túnicas mantêm congruência com a cor principal desse maço.

O octógono

Um desenho octogonal enquadra todas as cenas representadas em cada um dos arcanos. Com esta figura geométrica faz-se referência às oito direções principais mostradas na rosa dos ventos, estrela-guia que mostra os pontos cardinais para facilitar a localização dos astros na abóbada celestial.

O desenho dos objetos que acompanham os personagens do Tarô das estrelas está baseado igualmente em polígonos de oito lados, por ser o octógono a figura perfeita, a representação gráfica da quinta-essência e também da conexão entre o homem e Deus.

A forma octogonal, muito utilizada pelos templários nas suas construções, era considerada intermediária entre o quadrado e o cubo, que representavam a terra e o mundo material e o círculo ou esfera, que era uma imagem do céu ou mundo espiritual. Uma cúpula ou uma abóbada circular não podia descansar sobre uma base quadrada, desse modo, o octógono se configurou como um intermediário entre a terra e o céu. Segundo René Genón, o mesmo simbolismo pode ser observado em numerosas construções chinesas "como é o caso do Ming-tang cujo teto redondo está suportado por oito colunas que repousam sobre uma base quadrada, como a terra, sendo que, para realizar essa quadratura do círculo, que vai da unidade celeste até a abóbada e o quadrado dos elementos terrestres, é preciso passar pelo octógono, que está relacionado com o mundo intermediário das oito direções, das oito portas e dos oito ventos."

No cristianismo, a forma octogonal era a dos antigos batistérios, e ainda hoje se encontra geralmente na tigela das fontes do batismo. Também aqui, trata-se com toda evidência de um lugar de passagem ou transição, uma vez que nos primeiros séculos o batistério era colocado fora da igreja, e apenas aqueles que tinham sido batizados eram admitidos no interior dela. Posteriormente, as fontes batismais foram levadas até as igrejas, mas sempre foram deixadas perto da entrada. Em ambos os casos, o octógono mostra a transição desde o mundo exterior, o terrestre e a igreja, que representa o mundo celestial. Da mesma forma, os labirintos desenhados no solo das catedrais góticas têm, com frequência, forma octogonal.

A forma geométrica octogonal, do mesmo modo, remete ao Ba Gua o Pa Kua, desenho muito importante na tradição chinesa e muito utilizado no *feng shui*, disciplina que se ocupa em estudar o fluxo e o equilíbrio da energia cósmica. Os lados do octógono correspondem aos oito pares de opostos e à totalidade das forças cósmicas: Céu, terra, fogo, água, montanha, lago, vento e trovão.

7

Os Arcanos Maiores

Os Arcanos Maiores são vinte e duas lâminas que representam as chaves mais importantes do Tarô. Podemos entendê-las tais quais as experiências de cunho pessoal que todo ser humano deve vivenciar em seu caminho de conhecimento e crescimento pessoal. Essas vinte e duas imagens mostram cenas de profundo caráter arquetípico que automaticamente se conectam com nosso interior, qualquer que seja nossa procedência em nível cultural. Os Arcanos Maiores mostram grande diversidade de símbolos que resumem os grandes mitos da humanidade.

Para Jung, os Arcanos do um até o onze representam a via alquímica seca ou a luta do indivíduo contra os demais, enquanto que o resto constitui a chamada via úmida ou luta do homem contra si mesmo. Outros autores classificam os Arcanos Maiores em função das suas afinidades com os quatro elementos ou a partir de suas afinidades astrológicas ou de vinte e duas letras do alfabeto hebreu.

De qualquer forma, a melhor maneira de compreender essas chaves ou arcanos é conhecê-los um por um e analisar seus diferentes níveis de significado. Devem ser as primeiras cartas com as quais temos de nos familiarizar.

Um modo simples de começar essa aprendizagem é iniciar o dia obtendo, ao acaso, um dos Arcanos Maiores e contemplá-lo em silêncio durante alguns minutos. Ao final do dia, é bom recapitular comparando o significado da chave extraída com os sucessos ocorridos durante a jornada. Se uma mesma carta for extraída repetidamente, há possibilidade de apontar para um assunto concreto que deve ser atendido.

A seguir, ofereceremos uma descrição dos 22 Arcanos Maiores do Tarô das Estrelas, acompanhada de um resumo de seu significado clássico na adivinhação. Trata-se de indicações simples que pretendem somente servir ao estudante como ponto de partida para suas próprias averiguações pessoais.

0 – O LOUCO

O Pneuma grego, o Ruach hebreu, o Espírito latino e o Prana sânscrito pertencem ao Louco. O fôlego da vida, a alegria, o vento, a supraconsciência e a liberdade estão representados pela chave 0 do Tarô. Seu número é o zero porque o significado desse signo de forma ovalada está relacionado ao princípio de todas as coisas, à energia primordial da qual se derivam todas as modalidades de vida, ao ilimitado.

Jovem temerário que olha para o abismo, o Louco encontra-se no centro do cosmos, iluminado por duas estrelas principais: Sol e Sírio. Delas obtém a Luz, a clareza necessária para decidir entre se lançar ao vazio ou retificar seu caminho até outros sendeiros de conhecimento.

Mantém um pé na ponta de um penhasco e outro no ar. Com esta posição assevera a faculdade de dirigir seus movimentos de acordo com sua conveniência: dar um passo à frente, colocar ambos os pés sobre o penhasco e se manter quieto por um tempo indefinido, ou retroceder com um simples movimento.

Veste um terno bordado com estrelas recolhidas na sua viagem. Em uma pequena bolsa amarrada à cintura guarda as experiências vividas, a história armazenada nos arquivos da subconsciência. Sua mão segura uma rosa branca luminosa que representa os desejos purificados, a alegria e o reino vegetal.

Um cão dorme tranquilo aos pés do Louco – o intelecto, a mente guia do raciocínio que deve ser dirigida. É domesticado pelo jovem e confia plenamente nas decisões do seu amo. Sobre o cão está colocada a Constelação do Cão Maior, onde se destaca a Estrela Sírio, cuja luz oculta parcialmente a imagem do cão. O cão do Louco, neste caso, encarna a Constelação do Cão Maior.

O penhasco, a rosa e o cão sugerem a presença dos três reinos: mineral, vegetal e animal, unidos na totalidade cósmica.

O Louco é como alguém que vai empreender uma longa viagem. É inocente e puro, abençoado pelas Alturas e desfruta de grande proteção. Ignora as dificuldades e os desafios que terá de vencer, mas essas aventuras o farão crescer, permitindo-lhe o amadurecer até que finalmente se torne um herói. É como uma criança no seu primeiro dia de escola. Uma década mais tarde essa criança conhecerá perfeitamente o mundo escolar e cedo estará preparada para começar novo ciclo: a universidade.

O Louco representa o potencial ilimitado do espírito humano, a ação pura não afetada pela experiência. Na realidade, o Louco não é um louco, mas um ser inocente que abraça qualquer coisa que a vida lhe traz. Sua mente aberta, a simplicidade de seus motivos e seu entusiasmo não deixam lugar para o medo nem para as dúvidas. Possui a imaginação, a criatividade, a inata sabedoria das crianças e se lança na aventura sem duvidar, confiando nos seus instintos.

- **Significado:** Representa recomeço. O princípio de algo. Uma situação cheia de entusiasmo e energia em que é possível esperar o mais inesperado. O Louco pode dizer que, por ventura, você esteja assumindo riscos que surpreendam e inquietem as pessoas mais próximas, mas na realidade essas críticas não são relevantes. Você está convencido de que tudo é possível sempre que confia em seus instintos, por isso você vai em frente com entusiasmo, sem pensar muito nas possíveis consequências.
- **Invertida:** Atordoamento, inconsciência, perigo de eleger mal o caminho a seguir. Falta de prudência.

1 – O MAGO

O principal prodígio realizado pelo Mago é a transformação de sua consciência para alcançar o estado de Iniciação. A essa chave lhe corresponde o número um, cifra que sugere começo, princípio, unidade, simplicidade e individualidade. O número um também está relacionado aos conceitos de atenção, agudeza e concentração.

O personagem dessa chave mostra-se atento e concentrado em suas tarefas de transformação. Pequenas estrelas formam a base que os segura; esses astros não constituem um suporte sólido, flutuam e pousam no interior da capa do Mago, ainda que lhe ofereçam apoio e estabilidade necessários para atuar com firmeza, com segurança.

O símbolo da magia é a varinha que segura com a mão direita. Nas pontas resplandecem estrelas que simbolizam a energia do universo concentrada nesse instrumento prodigioso.

O Mago recebe a força cósmica e a transforma. Os poderes recolhidos pelo Mago através da vara são entregues novamente ao universo com a mão esquerda.

O Mago atua como um canal que recebe e entrega um caudal infinito de energias cósmicas. A vara e a posição dos seus braços lembram que "O que está em cima é como o que está embaixo", princípio fundamental da filosofia hermética. O Mago veste uma túnica decorada com estrelas. Sobre sua cabeça brilha o símbolo do infinito para representar entendimento inesgotável, pureza e luz. Faxes brancos irradiados por estrelas iluminam a cena.

Na mesa do Mago estão seus instrumentos de trabalho. A mesa é de madeira, o que revela a capacidade do homem em transformar os elementos surgidos da natureza. A base e a superfície são octogonais e os objetos dispostos sobre ela, igualmente, contêm figuras de oito lados:

- A taça simboliza o elemento água e a imaginação; no seu desenho repetem-se as formas octogonais decoradas com estrelas no centro.
- A espada representa o elemento ar e a ação. Sua empunhadura está formada por uma espiral de doze voltas, que sugere a presença dos signos astrais, e por um octógono com uma estrela.
- O cetro está formado por uma espiral de doze rádios, composto nos seus extremos por dois octógonos com estrelas no centro. É a representação do fogo e da vontade.
- O pentáculo simboliza o elemento terra e a incorporação física; está formado também por um octógono com uma estrela central.

Os quatro elementos que repousam sobre a mesa do Mago são os mesmos que aparecem como paus nesse Tarô das Estrelas, por isso, seu desenho não apresenta modificações nas seguintes chaves e constitui o principal tema nos Arcanos Menores.

O Mago cria a realidade mediante o exercício da sua imaginação e da sua vontade. Transforma as ideias em atos e em realidades. Sua atuação está baseada na confiança, na força e na decisão. Astrologicamente, tem sido relacionado com Mercúrio, o planeta da agilidade mental e da inteligência criativa. Essa chave nos diz que com decisão, vontade e enfoque, temos condições de tornar nossos sonhos realidade.

- **Significado:** A aparição do Mago mostra que influências mágicas estão chegando à nossa vida por meio de intuição e de soluções criativas para nossos problemas. Perceberemos sincronicidades e coincidências que, além das aparências, apontarão a existência de uma ordem muito real. O Mago ainda indica novo trabalho, ascensão, promoção, sucesso em algum projeto. O Mago ainda aponta para nova relação sentimental, melhoria econômica ou a cura de alguma doença.
- **Invertida:** Indecisão, medo de atuar, bloqueio das energias criativas, manipulação dos demais e também uso das faculdades e habilidades próprias com finalidades pouco nobres.

2 – A SACERDOTISA

Essa chave corresponde ao número dois. Os significados profundos dessa cifra são duplicação, reflexão, repetição, sabedoria, ciência, oposição, polaridade, sequência, antítese, difusão, separação, subordinação e subconsciência.

A Sacerdotisa encarna a memória e a subconsciência, dorme sobre um mar tranquilo que se mescla às dobras da sua túnica bordada de estrelas. A jovem sacerdotisa repousa sobre uma roca que emerge das águas marinhas.

A dama, as luas e a água simbolizam de três maneiras distintas aquilo que está latente, mas disponível, simbolizam a atividade mental conhecida por subconsciência.

A Sacerdotisa segura um pergaminho onde guarda as experiências vividas, as lembranças que serão despertadas quando evocadas pela clareza da consciência. O documento representa a memória e está enrolado para ocultar seu conteúdo, e, no extremo visível é possível observar o desenho de uma espiral, sugerindo que seu acervo se enriquecerá por meio de novas experiências.

A cabeça da Sacerdotisa está segura por um adereço com duas luas nas suas fases crescente e minguante, como expressão do princípio de dualidade. Ambas são brancas para significar pureza, ideia que é reforçada com o véu que acompanha a coroa. No centro do adereço há uma estrela, símbolo resplandecente da ordem cósmica.

As colunas, estruturas verticais de apoio e suporte, símbolos de união dos mundos material e espiritual, constituem nova referência ao princípio de polaridade. O pilar da esquerda, construído de prata, caracteriza-se no extremo superior por uma figura octogonal de ouro.

A coluna que aparece à direita apresenta o mesmo desenho, mas invertido: sua estrutura é de ouro e o octógono que a decora no extremo é de prata.

As colunas igualmente remetem ao princípio hermético que estabelece a igualdade entre o que está em cima e o que está em baixo.

Um véu preto serve de instrumento de união para os opostos representados pelas colunas. O véu marca também a fronteira entre os mundos interior e exterior, material e espiritual.

O manto oculta parcialmente os mistérios da imensidade cósmica, compreendidos apenas por aqueles que já tenham atravessado várias etapas de desenvolvimento. Em consequência, a tela expressa o desconhecido, o não explorado, aquilo que mantém suas qualidades virginais.

Sobre ele está a Constelação do Cão Maior com sua brilhante Sírio, e no extremo superior esquerdo há uma lua que reitera a condição feminina da memória e da subconsciência. A lua sobre o véu remete também ao conceito de reflexão, por ser o astro que recebe e reflete a luz do Sol.

Resumindo, a Sacerdotisa representa a intuição e a inspiração, sabedoria que vem do interior, que atua em segredo, conhecimento que vem do coração. É passiva e receptiva e nos conecta aos sonhos, aos poderes psíquicos, às fases da lua, à menstruação e aos mistérios femininos. Astrologicamente está relacionada ao signo de câncer e ao elemento água.

- **Significado:** A aparição da Sacerdotisa em uma tiragem representa um aspecto desconhecido da nossa vida que, por ventura, seja descoberto nos sonhos ou nas lembranças do passado. Indicação de que devemos confiar mais na intuição do que no intelecto e permanecer abertos à informação que flui do nosso inconsciente não aceitando cegamente os fatos pela aparência, seja no campo sentimental, laboral, financeiro ou de saúde. Para um homem, essa tiragem ainda representa uma mulher intuitiva, misteriosa e carismática, ocasionalmente fria ou aparentemente inalcançável.

- **Invertida:** Engano. Conhecimento falso ou impreciso trazido pela superficialidade. Deprezo à forte intuição que nos chega e busca de confirmação externa a tudo.

3 – A IMPERATRIZ

Corresponde à Imperatriz o número três na série do Tarô. Imaginação, criatividade, fertilidade, poder criador, procriação, multiplicação, crescimento, desenvolvimento, produtividade e entendimento são algumas das palavras vinculadas ao número três, e que expressam a essência da Imperatriz.

A Imperatriz representa todas as mães. Vênus, Afrodite, a terra fértil e a natureza criadora de vida são personificadas pela figura feminina que aparece nessa chave. A imagem da Imperatriz corresponde a de uma mulher em plenitude. Grávida do Imperador, espera o nascimento de seu filho. Descansa deitada sobre a Via Láctea, conjunto de estrelas agrupadas em forma de espiral, para representar o curso dos processos evolutivos.

A galáxia sobre a que repousa a futura mãe simboliza o leite derramado por Héracles quando era alimentado por Hera, deidade grega protetora dos matrimônios e dos partos. Assim, o suporte da Imperatriz é de luz, a torrente de leite que estará à disposição de seu filho como generosa fonte de alimento.

Leva um adereço com uma estrela central branca de oito pontas, símbolo de energia de luz universal condensada. Doze pequenas estrelas decoram as bordas da coroa para evocar os signos astrais. Dois listões curvos cruzam-se na frente da Imperatriz para formar una figura oval, símbolo da semente germinada que cresce no seu ventre.

O braço esquerdo da Imperatriz segura no alto um cetro dourado que simboliza o poder. A esfera verde do cetro representa a criatividade e a cruz unida a uma linha vertical expressa a fusão das forças feminina e masculina.

Sua mão direita descansa sobre um escudo em forma de coração, emblema universal do amor.

No centro do escudo está uma pomba branca – alegoria de mansidão e de paz. Ave portadora de bons presságios, a pomba evoca a Eros e está relacionada à Anunciação da Virgem Maria, ao fim do dilúvio e aos sete dons do Espírito Santo: sabedoria, entendimento, bom conselho, fortaleza, ciência, piedade e temor de Deus.

Em termos alquímicos, a pomba branca simboliza a matéria-prima que se transforma em pedra filosofal. A ave que vemos no escudo da Imperatriz conserva também o significado conferido pelos chineses a esse animal: fidelidade conjugal e longa vida.

Perto dos pés da Imperatriz há uma lua crescente.

O astro representa os processos criativos e sua posição em um plano inferior sugere a ideia de que toda criação está subordinada ao adequado fluxo da energia cósmica.

O campo de trigo que aparece em primeiro plano indicia a fertilidade. As espigas douradas crescem e se incorporam na túnica da Imperatriz para vesti-la com seus frutos. As estrelas iluminam a cena.

Desde o alto, no centro, os raios luminosos do astro iluminam a companheira do Imperador.

A Imperatriz é a Grande Mãe, que no seu aspecto de Ceres ou Demeter criou as estações como um símbolo do fluxo e refluxo da vida humana.

Na condição de Mãe Natureza, governa o ciclo de nascimento, morte e renascer; ela é quem ordena o mundo e permite que as riquezas surjam do chifre da abundância. Representa a fertilidade, o sentido prático, a boa sorte e o sucesso.

- **Significado:** Em uma leitura, a Imperatriz normalmente remete à nossa mãe ou a uma pessoa de características maternais. Abundância, prosperidade, gravidez ou nascimento estão, igualmente, incluídos nessa leitura. Ainda, fertilidade, qualquer que seja o campo em que se aplique, abundância de ideias criativas, novos projetos ou bons resultados para algum projeto em curso e bom momento para investimentos financeiros.

- **Invertida:** Fala de infertilidade ou gravidez não desejada, algum tipo indevido de manipulação da natureza, ou mulher ou figura maternal excessivamente protetora e que abusa da sua situação, mediante chantagem emocional ou outros meios indevidos.

A Imperatriz ainda remeter aos maus resultados de um negócio em andamento.

4 – O IMPERADOR

Quatro é o número que corresponde a essa chave. Cifra sagrada para os pitagóricos por representar o plano físico e por significar também perfeição, solidez e equilíbrio.

Razão, regulação, supervisão, controle, autoridade e domínio são os atributos para esse número e constituem também as principais funções desempenhadas pelo Imperador, símbolo por excelência do poder temporal.

O Imperador está erguido. Sua postura e atitude falam de segurança. Há sobre sua cabeça uma coroa semelhante à usada pela Imperatriz. Nela, as doze estrelas representam os signos astrais e a estrela principal o símbolo da energia radiante.

Com o braço direito estendido para cima segura um cetro dourado, símbolo de poder e de união das forças masculina e feminina.

O cetro está composto por um círculo e uma letra tau, última letra do alfabeto hebreu. Sua forma é também uma estilização da grafia astrológica com a que se representa Vênus.

Com a mão esquerda segura outro objeto símbolo de poder e domínio: um balão com uma cruz unida por uma letra tau invertida.

A perna esquerda do Imperador está em posição vertical, enquanto que a direita está dobrada para formar com ambas o número quatro.

A perna dobrada está apoiada sobre um cubo preto que mostra uma figura branca representando um carneiro, animal que se caracteriza o signo astrológico Áries, regedor dessa chave.

O personagem mantém o equilíbrio graças ao cubo que o segura. Com essa figura geométrica faz-se novamente referência ao número que corresponde ao Imperador e se alude sutilmente à presença dos quatro elementos, os quatro pontos cardinais e as quatro estações do ano.

A constelação que representa o primeiro signo do ano astrológico está junto ao cubo preto com a efígie do carneiro. Assim, fica reiterada a influência de Áries nas funções ocultas do Imperador.

Sírio e as estrelas que conformam a Constelação do Cão Maior iluminam a cena.

O Carneiro e o Cão Maior equilibram a composição geral nessa chave: o Carneiro aparece no extremo inferior esquerdo e a Constelação do Cão na parte superior direita da carta.

- **Significado:** Em geral o Imperador representa a ordem em nossas vidas, também figuras de autoridade: pais, chefes, governo, policia, juízes. Ao figurar em uma tiragem sugere que algo desejado vai surgir em nossas vidas, mesmo que ainda não seja perceptível aos nossos sentidos físicos. A Carta Imperador ainda expressa as faculdades organizativas da pessoa ou uma pessoa com muita capacidade para organizar. Em assuntos sentimentais pode representar um companheiro de mais idade, relacionado com o trabalho ou ser um chefe ou superior hierárquico. Em termos de saúde simboliza um médico ou remete a tratamentos de medicina tradicional.

- **Invertida:** Dificuldades com o pai, o chefe ou com a autoridade em geral. Problemas legais. Desorganização. Caos.

5 – O HIEROFANTE

O número que corresponde a essa chave é o cinco. Cinco são as pontas do pentagrama, figura que apresentada com uma ponta para cima permite o desenho da imagem estilizada do corpo humano e seus cinco vértices principais: cabeça, mãos e pernas. Essa cifra lembra também o Pentateuco, conjunto de livros bíblicos atribuídos a Moisés, e aos cinco pães com os que Jesus teria alimentado o povo.

Na antiga China considerava-se a existência de cinco elementos colocados em igual número de direções celestes: madeira, fogo, terra, metal e água, e se procuravam os cinco bens da humanidade: riqueza, longevidade, paz, virtude e saúde, assim como as cinco qualidades morais: humanidade, sentido do dever, sabedoria, confiança e bom comportamento. Os símbolos da pureza chinesa também são cinco: lua, água, pino, bambu e ameixa.

Na tradição japonesa reconhecem-se cinco deuses principais para a fortuna, deidades que são representadas por uma flor de cinco pétalas.

O número cinco tem sido considerado também representativo da saúde. Esse signo numérico está vinculado ao conceito de mediação por estar colocado no centro da série de dígitos do um até o nove no sistema decimal.

Adaptação, intervenção, ajuste, justiça, acomodação, reconciliação, ouvido interno, instrução interior e intuição são os atributos ocultos para esse número no Tarô e explicam as tarefas desempenhadas pelo Hierofante.

O Hierofante transmite seus conhecimentos aos discípulos que se encontram sentados aos seus pés. Está de pé para expressar autoridade e domínio.

Uma coroa octogonal simboliza a perfeição e a totalidade de seus conhecimentos. No centro dela há uma estrela de oito pontas representando a síntese da energia radiante.

A mão direita do Hierofante mantém os dedos indicador e médio apontando para cima, sinal com o qual dá a bênção espiritual a seus ministros.

Com a mão esquerda segura um báculo dourado atravessado por três barras que simbolizam os reinos animal, vegetal e mineral, unidos pelo divino, representado pela esfera superior do cetro. As barras do báculo expressam também os planos físico, mental e espiritual. A posição vertical do cetro evoca também o princípio hermético que mostra a igualdade entre o que está acima e o que está em baixo.

Os ministros, discípulos do Hierofante, atendem às instruções de seu mestre, escutam a Voz interior. Esses personagens representam o princípio de polaridade.

Colocados em posturas idênticas e com vestuários de cores iguais, mas dispostos de maneira inversa, os discípulos simbolizam todos os pares de opostos: noite-dia, ativo-passivo. O princípio de dualidade se reitera com as cores que ostentam: preto e branco. O ministro da esquerda personifica o desejo e o da direita o conhecimento. Ambos estão unidos por um "e" formado a pequenas estrelas para fazer referência ao jugo que os subordina ao Hierofante e à letra yod.

O Cão Maior está no alto da composição e constitui a fonte luminosa para esse arcano. Touro, segundo signo do zodíaco, representado por um touro, é o signo astral que rege essa chave, razão pela qual sua constelação aparece entre o Hierofante e os discípulos.

- **Significado:** Representação de instituições sólidas e tradicionais como a Igreja, também ortodoxia em geral, apego às formas externas, ao convencional, ao credo e ao ritual. Também à necessidade de seguir as normas socialmente aceitas.

- **Invertida:** Ruptura com o convencional. Aceitação de novas ideias e novas formas de pensamento.

6 – OS AMANTES

Corresponde aos Amantes o número seis. Reciprocidade, intercâmbio, coordenação, correspondência, correlação, resposta, cooperação, simetria, equilíbrio e beleza são alguns dos conceitos vinculados ao número seis. A discriminação, a escolha, o livre-arbítrio e o olfato são os atributos ocultos do número seis e são também as faculdades dos Amantes.

O casal representa os pares de opostos, o princípio de polaridade expresso na Tábua Esmeralda de Hermes. O casal encarna, igualmente, Eva e Adão como figuras distintivas das essências feminina e masculina e os primeiros seres humanos sobre a terra.

A mulher simboliza a subconsciência e seu companheiro a consciência, aspectos da personalidade diferente, mas complementares.

O Anjo que aparece no centro superior da composição representa a supraconsciência. A vista parcial de sua figura expressa que o conhecimento total não está à disposição dos humanos o tempo todo, e que para aceder a ele faz-se necessário alcançar níveis superiores de desenvolvimento.

O Cão Maior encontra-se entre o anjo e o casal. A estrela de Sírio atua como intermediária: recebe as mensagens da supraconsciência e as entrega à figura feminina através de seus raios luminosos para que ela os compartilhe com seu companheiro.

O homem e a mulher estão nus, o que representa a pureza. Com o abraço expressam sua mútua aceitação e dependência. A perna esquerda dela e a direita dele estão unidas por uma serpente que descende simbolizando a energia vital ou kundalini e o animal mencionado nos textos bíblicos.

O réptil desenha com seu movimento uma espiral para expressar evolução.

Uma ondulante e sutil linha branca serve de ponto de enlace entre a cauda da serpente e a túnica do anjo.

À esquerda da mulher, há cinco pequenas estrelas que correspondem aos cinco sentidos.

A Constelação dos Gêmeos Castor e Pólux está à direita da composição representando Gêmeos. Astrologicamente, a chave dos Amantes relaciona-se com Gêmeos, terceiro signo zodiacal de ar regido por Mercúrio.

- **Significado:** Em uma tiragem, a carta dos amantes pode estar relacionada com o equilíbrio das forças masculinas e femininas que coexistem dentro de todos nós. Do mesmo modo, indicia uma relação romântica ou mesmo platônica, que possa contribuir com nosso desenvolvimento ou crescimento espiritual.

- **Invertida:** Tentação, luxúria, separação, insucesso amoroso, perda sentimental ou nova relação amorosa com efeitos negativos para nosso crescimento pessoal.

7 – A CARRUAGEM

Corresponde à Carruagem o número sete. Vontade, receptividade, linguagem, equilíbrio, descanso, repouso, conquista, paz, segurança, arte, domínio e vitória são alguns dos atributos para esse número e para o arcano da Carruagem. Sete são as cores do arco-íris, os dias empregados para criar a vida, os chakras ou centros energéticos do corpo humano, as notas musicais, as esferas cósmicas e as leis ou princípios herméticos: Mentalismo, Correspondência, Vibração, Polaridade, Ritmo, Causa-Efeito e Geração.

A carroceria tem uma armadura como sutil referência ao signo astrológico regente desse arcano: o caranguejo, animal que viaja protegido pela sua carapaça. A armadura é o símbolo da proteção, da força invulnerável conquistada pelo adequado uso dos poderes cósmicos.

O condutor tem um cetro na mão direita. Esta vara de poder está enfeitada com um círculo, símbolo da Totalidade eterna e por uma lua crescente, elementos que unidos formam a figura do infinito para expressar as capacidades ilimitadas do motorista que dirige corretamente seu veículo. A mão esquerda tem rédeas invisíveis para simbolizar que será a Vontade Única a decidir a rota da carruagem.

A Carruagem está formada por estruturas octogonais. Na frente está uma figura de oito lados sobre a qual há duas luas, crescente e minguante, para representar os pares de opostos, o princípio de polaridade. As luas unidas formam no centro uma figura oval que representa o princípio de todas as coisas.

A Constelação do Caranguejo enquadra as luas. O Caranguejo representa Câncer, quarto signo zodiacal regido pela Lua, signo de água que tem correspondência com esse arcano.

O teto da Carruagem está formado por um conjunto de estrelas que simboliza as forças cósmicas vinculadas ao plano físico. Um manto transparente bordado com pequenos astros expressa a diferença entre o exterior e o interior. As rodas douradas da Carruagem simbolizam rotação, atividade cíclica, movimento, mudança e transmutação; seus centros estão formados por estrelas de oito pontas que podem ser vistas parcialmente.

A energia radiante do Cão Maior ilumina o caminho da carroceria e as esfinges encarnam os enigmas e o princípio de dualidade, da mesma forma mostram-se como imagens positiva e negativa de mesma coisa. São a representação dos pares de opostos.

A Carruagem contém a energia do sucesso. A ambição, a decisão e o impulso que nos leva a competir e a ganhar, sempre que sejamos capazes de dirigi-la corretamente, ou seja, sempre que deixemos que sejam as Forças do Alto quem as dirija.

- **Significado:** Representação de um conflito que terminará em vitória. Igualmente, remete a uma viagem, espiritual ou física: de carruagem. Em ambos casos, cada um é o motorista e cria seu próprio destino com suas ações. Da mesma forma, sugere mudança de endereço, dentro da mesma cidade, ou mesmo um novo carro.

- **Invertida:** Cólera, tirania, ego excessivamente elevado, arrogância, atrasos e frustrações.

8 – A FORÇA

O oito é o número que corresponde à Força. As propriedades para esse símbolo numérico e para essa carta do Tarô são o ritmo, a periodicidade, a vibração, o fluxo e o refluxo, a involução e a evolução, o domínio e o resultado da mistura dos poderes da consciência e da subconsciência.

O triunfo da inteligência sobre a brutalidade e as forças cósmicas com sua infinita potestade estão também representadas na Força.

A Força está personificada por uma mulher. A figura feminina desse arcano representa Cirene, ninfa grega dedicada à caça, que lutou com um leão até vencer. Simboliza o poder serpentino, a energia universal, força ígnea latente que existe em toda matéria, capaz de criar ou de destruir. A Força está expressa no vocábulo sânscrito kundalini. O leão encarna a realeza do reino animal terrestre, em oposição à águia, ave soberana do espaço celeste. Representação do princípio masculino.

As versões tradicionais do Tarô mostram uma mulher que abre com suas mãos as mandíbulas do leão. No Tarô das Estrelas a mulher não realiza esforço algum, ajoelhada, acaricia a besta, uma vez vencida e domesticada.

O leão dourado aceita docilmente a presença da sua dominadora. Ambos, enlaçados por um oito horizontal de estrelas, símbolo do infinito, estão sobre um penhasco repleto de pequenos astros. Sobre a mulher está novamente o símbolo do infinito traçado em cor branca radiante para reiterar a importância do poder serpentino.

Uma pequena tiara que expressa poder, força e autoridade está na cabeça da mulher. O cabelo da personagem está penteado em forma de trança que sugere a manifestação dos três reinos (animal, vegetal e mineral), e dos três níveis de consciência.

Sobre o leão desenha-se a silhueta da constelação que leva seu mesmo nome. Essa chave do tarô corresponde ao Leão, o quinto signo do zodíaco que está representado por um leão, símbolo de soberania, da força solar, da vontade e do fogo, elementos que estão à disposição da mulher que usa adequadamente seus poderes. Como no caso da Carruagem, que é o arquétipo masculino da decisão e a confiança em si mesmo, a Força representa o arquétipo feminino da força interior, além de equilíbrio ou harmonia entre o material e o espiritual. Em vez de lutar com a fera, a domamos no nosso interior. Os resplandecentes raios das estrelas iluminam os personagens dessa chave e dão à mulher essa força interna que lhe permitem domar o leão.

- **Significado:** Controle sobre o próprio destino, capacidade para lidar com qualquer coisa que a vida traga. Fortaleza interior. A pessoa está em um momento e em uma posição de força. É a oportunidade adequada para pedir um aumento ou para iniciar projetos ou negócio muito desejado e planejado. Da mesma forma, é um bom momento para começar um relacionamento.

• **Invertida:** Medo ao desconhecido. Supremacia do aspecto material sobre o espiritual. Fraquezas. Discórdias. Ausência de força moral para concluir projetos.

9 – O EREMITA

Nove é o número que corresponde ao Eremita. Meta, fim, realização e resultado final são alguns dos seus significados. O nove é o último dígito da série que forma o sistema decimal. Representa também o tempo necessário para a gestação da vida humana. A idade de Cristo vincula-se ao número nove, e os 33 graus da maçonaria também estão relacionados com essa cifra. Três vezes três é o número nove.

O nove é o símbolo do adepto, ser que tem recorrido com disciplina e rigor ao caminho da realização espiritual; essa é a posição alcançada pelo Eremita. O ancião que vemos nessa chave simboliza o profeta, o mestre que atingiu nível elevado de espiritualização e conhecimento, após ter atravessado muitas provas e passado por diversas iniciações. O personagem simboliza os pares de opostos que se aceitam e se reconhecem em perfeita harmonia; expressa a união do abstrato com o concreto, do absoluto com o relativo. Simboliza também o Eu Sou que se encontra em todo lugar e em todo tempo, o Ancião de Dias e o Poder da Vontade que regem o universo.

Mestre da luz, o Eremita tem barba e cabelos brancos para simbolizar a iluminação interior, a sabedoria e a pureza. Sua posição erguida com os braços abertos significa magnificência, esplendor, poder e triunfo. Com a mão esquerda segura um báculo dourado, símbolo do domínio e do vínculo inevitável entre o céu e a terra, ornamentado com uma letra yod no seu extremo. Com esse signo representa-se a chama da energia espiritual presente em todas as manifestações do Poder de Vida. A posição da letra no báculo é a mesma que a do Eremita na montanha, ambos se encontram em cima, sobressaindo e olhando tudo desde o alto.

Com a mão direita segura uma lâmpada octogonal que remete às oito direções marcadas na rosa dos ventos. Com a lâmpada iluminará o caminho de quem o seguir em busca do topo. O resplendor emitido pela lâmpada procede das estrelas para representar a totalidade da energia cósmica concentrada e a Luz conquistada pelo Eremita.

Embaixo do Cão Maior está a Constelação da Virgem ou Virgo, sexto signo zodiacal, representado por uma jovem que tem nos seus braços um ramalhete de espigas. O Eremita está regido astrologicamente por Virgo.

Da mesma forma que o de Diógenes em busca da verdade, o caminho do Eremita é o do verdadeiro buscador. De diversas formas, o Eremita encontra sempre a resposta às suas perguntas, resolve seus problemas e completa seus projetos.

Simboliza a sabedoria procedente dos níveis mais profundos do ser, isto é, do chamado Eu Superior. É o mestre das coisas ocultas, dos assuntos espirituais, dos segredos ainda não revelados, é o ser que com sua lâmpada ilumina as vidas dos demais.

- **Significado:** O período de solidão vivenciado pelo consultante está prestes a terminar, pois se aproxima de um momento importante e crucial de vida quando terá finalizadas antigas tarefas e projetos e, após, planejará bem a nova fase de vida. A aparição dessa carta em uma tiragem prediz o próximo encontro com um ser de grande sabedoria e luz. O recebimento de sábios e prudentes conselhos procedentes de alguém muito próximo.

- **Invertida:** Necessidade. Dar ouvidos a terceiros e desdenhar conselhos de quem realmente tem sabedoria. A carta ainda remete à falta de amadurecimento, escuridão, imprudência e medo de envelhecer.

10 – A RODA DA FORTUNA

Dez é o número que corresponde à Roda da Fortuna e nessa figura estão contidos os significados das chaves do Tarô: zero, um, dois, três e quatro, porque o conjunto desses números soma dez, cifra que lembra os mandamentos, os nomes sagrados de Deus e os dez caminhos ou emanações divinas da cabala. O dez está formado pelo um que simboliza o começo e pelo zero, a energia primordial, o ilimitado. A união desses elementos permite que se verifiquem as funções de rotação, faculdade principal atribuída a essa chave.

A Roda da Fortuna simboliza a roda do mundo, as leis de causa e efeito, os pares de opostos: riqueza – pobreza, acima – embaixo, princípio – fim. Essa figura geométrica constitui o protótipo gráfico do movimento, a imobilidade e a mudança.

No seu aspecto tridimensional, a roda representa a esfera, forma perfeita e arquetípica, fundamento de toda variação.

Constitui também a imagem completa da realização do ciclo de expressão cósmica.

A Roda da Fortuna está segura por uma base octogonal de ouro e prata. Sobre a base estão escritas quatro letras que, examinadas em direção aos ponteiros do relógio, permitem ler a palavra tarô que começa e termina com o grafismo "T" para sugerir que todo princípio tem um fim e que toda consumação é o prelúdio de um começo.

A Roda da Fortuna está construída com três octógonos concêntricos indiciando a presença dos reinos animal, vegetal e mineral. Dentro de cada octógono há desenhos triangulares. A base e a Roda estão unidas por um duplo poste construído com finos fios de ouro.

No centro da Roda é possível ver a Constelação do Cão Maior. A radiante luz abarca a Roda e simboliza a Unidade Primária, o mundo arquetípico dos cabalistas.

Um anel de ouro marca os limites da Roda para simbolizar totalidade. Na parte superior da Roda está o símbolo alquímico do mercúrio, à direita aparece o símbolo do enxofre. Ambos os símbolos constituem os elementos ou essências primárias de um sistema dual. Embaixo está traçado o símbolo da água, elemento líquido que encarna a matéria astral, e à esquerda está o símbolo do sal, princípio primário do sólido.

A esfinge que repousa na parte superior da Roda contempla tranquilamente a cena e simboliza todos os enigmas e todos os pares de opostos. As cores de seu enfeite e asas, preto e branco, reiteram o princípio de polaridade.

A roda da Fortuna aponta nossa conexão com a sorte e o destino. Ninguém deve permanecer imutável em um lugar nem em uma posição. Ao assumirmos o risco de modo desinteressado e altruísta, a sorte estará conosco e o universo responderá aos nossos desejos. As mudanças bruscas e inesperadas conectam essa chave ao planeta Urano, com ideias pouco convencionais, com novas crenças e novas formas de viver.

- **Significado:** A pessoa está em um ponto crucial de vida. No centro da Roda tudo é estabilidade, embora na periferia as mudanças sejam vertiginosas. É preciso estar atento aos sinais, à intuição e às coincidências, para discernir qual é o caminho correto que devemos seguir. Mudança inesperada no campo que se consulte, seja este laboral, sentimental ou relacionado à saúde.
- **Invertida:** Falência em algum negócio ou empresa. Depressão. Altibaixos da fortuna. Situação nova e inesperada que precisará de muito ânimo e coragem.

11 – A JUSTIÇA

Essa chave se identifica com o número onze, cifra representada com dois signos de valor idêntico, o que significa equilíbrio, equidade e dualidade.

Com ela se marca o início da segunda metade na série total de 22 arcanos do Tarô. Neste arcano está representada uma das quatro virtudes cardinais: a Justiça; as outras três, Fortaleza, Prudência e Temperança são implícitas ao significado oculto de todo o Tarô.

A mulher encarna a Justiça e a lei do karma, por isso, um dos seus significados profundos é a ação. Leva uma coroa que está formada por três picos dourados como referência iconográfica de identificação com o divino.

No seu pescoço pende uma joia que mostra uma letra Tau como símbolo da união do binômio masculino-feminino e da dualidade. A sua túnica está decorada no peito por um círculo vermelho colocado sobre um quadro branco. Essas figuras geométricas caracterizam o espiritual unido em equilíbrio com o material.

Com a mão direita segura uma balança, aqui representada pela constelação do mesmo nome. Assim, a dama segura a balança como símbolo de equilíbrio e correspondência entre duas forças e reconhece, ao mesmo tempo, a sua dependência astrológica com Libra, sétimo signo zodiacal regente da Justiça. A figura oval que serve de asa para o instrumento de medição representa o ovo cósmico, o princípio de todas as coisas.

A mão esquerda da Justiça segura uma espada que assegura poder de decisão, discriminação e separação, ações necessárias para a emissão de uma sentença. A empunhadura da arma está ornamentada com um octógono dourado que mostra uma estrela branca no centro.

Aos lados da Justiça há duas colunas, uma de prata com um octógono de ouro no extremo superior, e uma de ouro com a figura octogonal de prata. As colunas indiciam a todos os pares de opostos, ao princípio de dualidade, e seguram o véu preto que está por trás da Justiça.

O véu, bordado no seu extremo inferior com pequenas estrelas, simboliza o oculto, aquilo que deve ser revelado; marcando os limites entre o interno e o externo.

Entre o manto preto e a Justiça mostra-se refulgente O Cão Maior com a brilhante luz de Sírio, símbolo da energia cósmica concentrada. Seus raios à altura da cabeça da Justiça representam a clareza necessária para emitir sentenças adequadas, imparciais e equilibradas; só a Luz favorecerá as condições necessárias para estabelecer castigos e recompensas de maneira justa.

A influência da Justiça é imparcial, objetiva e serena, alheia a qualquer prejuízo ou preconceito, e, revela que no momento de tomarmos uma decisão, deveremos avaliar todos os fatores implicados para enfim escolher a opção correta.

- **Significado:** Ao aparecer em uma leitura, a Justiça tem condições de desvelar que nossos problemas legais vão desaparecer. A sentença, se ocorrer, será favorável. Aquilo que estávamos esperando ansiosamente vai se materializar. Os conflitos serão resolvidos e haverá harmonia. Receberemos aquilo que consideramos por direito e, de modo inesperado, o mundo responderá aos nossos pensamentos e atos. De mesmo similar, a carta aponta para o fechamento ou o início de um contrato que precisamos assinar.

- **Invertida:** Trâmites de divórcio. Um contrato não cumprido. Maus resultados com questões legais. Saúde desequilibrada.

12 – O PENDURADO

Doze é o número atribuído à chave do Pendurado. Número formado pelos signos um e dois, significando individualidade e reflexão. Essa cifra remete à ideia de totalidade, por estar relacionada aos doze meses do ano e aos signos astrais. Está também vinculada aos doze apóstolos e ao mesmo número de deidades gregas. O Pendurado representa a Odín, deus escandinavo suspenso numa árvore para descobrir os segredos místicos. O personagem desse arcano encarna a inversão e a mente suspensa. A situação em que se encontra representaria um severo castigo para qualquer pessoa, contudo, o Pendurado parece desfrutar do seu estado. Com os braços esticados e a perna livre flexionada, expressa conforto e total ausência de dor ou sofrimento. Não move suas forças individuais, não faz esforço, porque os obstáculos serão vencidos pelas forças do cosmos. O personagem pende e depende da Energia Divina.

A túnica do Pendurado está decorada com duas luas, crescente e minguante, uma está na altura do coração e a outra está no lado direito do quadril. Ambas expressam a presença dos pares de opostos, reiterada com a disposição das cores na túnica do jovem. Doze botões colocados no torso representam os signos astrais. As linhas douradas que ornamentam a roupa do personagem fazem referência à união do feminino com o masculino.

O jovem pendurado usa calçados dourados, cor do sol e do poder, para complementar a prata simbolizada pela lua. Com uma perna presa, o personagem pende em um fio formado de pequenas estrelas. O cordão astral está amarrado à lua, imagem da subconsciência, do feminino e da reflexão, por ser esse o astro que recebe e reflete a luz do sol. Sírio complementa a cena com sua luz.

A água que aparece na parte inferior da composição expressa a matéria mãe, o fluido astral do qual procedem todas as coisas. Simboliza também purificação e energia. A água e a lua nessa chave exercem funções de reflexão. São espelhos, símbolos do pensamento que reproduzem imagens do mundo visível, portas através das quais é permitido superar todos os limites. Provavelmente, a água foi o primeiro espelho natural porque reflete e reproduz imagens de forma precisa, mesmo que de maneira invertida.

Inverter é a função principal do Pendurado, para tanto, muda a direção dos seus pensamentos, reflete, desenvolve uma atividade mental, por meio da qual o pensamento torna sobre si mesmo. No seu interior encontrará a Luz e suas estruturas mentais serão modificadas, afinadas, até alcançar a perfeição. Os conceitos equivocados serão rejeitados, fato que permitirá o surgimento de nova visão do mundo. Assim, o Pendurado entrará em contato e conseguirá a identificação total com as forças do cosmos.

- **Significado:** As velhas ideias de forma inesperada perdem seu significado e deixam de nos satisfazer. Eventualmente, possamos nos sentir confusos sem saber que caminho tomar.

Ao aparecer em um tiragem, o Pendurado fala da necessidade de mudar de ponto de vista, de modificar a forma habitual de ver as coisas. Talvez o consultante esteja preso a certa situação devido à rigidez de seus conceitos.

A aparição do Pendurado revela, igualmente, estagnação no trabalho ou em algum assunto específico. Uma vez mais é primordial o esforço para ver as coisas de outro ângulo.

- **Invertida:** Resistência em romper com o passado. Excessiva rigidez de pensamento. Egolatria. Obstinação inútil. Satisfações puramente físicas. Representação de alguém que unicamente busca seus objetivos de forma egoísta, sem pensar minimamente nos demais.

13 – A MORTE

Treze, símbolo do desastre, maus augúrios e fatalidade, é o número atribuído à Morte. O poeta grego Hesíodo advertia os camponeses sobre o risco de começar a semeadura no dia treze do mês. Diversas crenças populares prognosticam desenlaces terríveis para qualquer ação empreendida em um dia treze. Porém, esse número tem outro significado relacionado com duas palavras hebreias, achad e ahebah, união e amor, daí essa cifra também se referir à unidade do poder e do amor.

A palavra chave que define a Morte é a transformação. Movimento, mudança, renovação, transmutação, reencarnação e renovação são demais significados relacionados à morte. O fim da atividade vital complementado com o início de nova vida é a mensagem oculta contida nessa chave.

A Morte está associada com Átropos, Parca encarregada de cortar o fio da vida humana. Originalmente, as parcas romanas representavam a natalidade, seu nome derivava de partus o parcere, perdoar, amparar, vocábulo do qual deriva a palavra parturiente. Suas equivalentes gregas eram as Moiras, divindades do destino depredador.

No Tarô das Estrelas, a Morte está representada por um esqueleto. O sistema ósseo é a estrutura que segura o corpo humano permitindo seu deslocamento e trânsito pelos espaços físicos. O personagem dessa chave leva uma capa negra que simboliza a profundidade infinita do cosmos. O manto cobre a Morte ocultando parte de suas pernas e braços. O movimento de suas vestimentas permite apreciar uma figura oval que sugere a presença do ovo cósmico, da semente que promete o início de toda manifestação vivente. Nas bordas interiores do óvalo há um leve brilho de luz branca, elemento que simboliza a espiritualidade e sugere que a Morte é uma fonte geradora de energia radiante.

A morte segura nas suas mãos uma gadanha, ferramenta que permite pôr fim à vida e que serve também para colher o produto da lavoura. O cabo da foice é vermelho, fazendo referência à energia, ao fogo e à luta entre a vida e a morte. A folha da gadanha é curva para evocar a subconsciência e a todas as atribuições ocultas da lua.

As versões tradicionais do Tarô mostram um sol nascente que, nesse caso, é substituído pela Estrela Sírio sobre o obscuro manto. A estrela está colocada sobre esse fundo preto como expressão do princípio de dualidade e referência à energia radiante e ao espírito.

No lado esquerdo da chave, junto ao Cão Maior, aparece a Constelação do Escorpião para representar o Escorpião, oitavo signo do zodíaco que rege o arcano treze.

- **Significado:** Se a pessoa está muito apegada à sua situação atual ou teme o futuro, a aparição da Morte pode significar mudança total de cenário, ajuste muito mais que superficial. Ademais, ser a perda do trabalho atual (para em breve encontrar outro melhor), mudança de parceiro, de casa (ainda perda da casa – por hipoteca), em resumo.

A Morte normalmente representa perda que momentaneamente aparenta dolorosa, mas que sempre é necessária para permitir a chegada de novas situações e experiências mais positivas e adequadas para o momento de vida da pessoa.

- **Invertida:** Medo ou resistência à mudança, indolência, apatia, estancamento por um excessivo apego à situação atual.

14 – A TEMPERANÇA

Corresponde à Temperança o número 14. Cifra formada pelos números um e quatro, o seu significado está relacionado ao princípio da razão como resultado da atividade de concentração. Moderar, temperar, verificar, intercambiar e permutar são algumas das ações propostas por esse arcano. O princípio de reciprocidade está contido também na Temperança.

Os estudiosos do Tarô vêm nessa chave a imagem do anjo da guarda, o mensageiro dos deuses, responsável por realizar a chamada para o despertar da consciência.

O personagem segura dois vasos que intercambiam e misturam seu conteúdo para obter um líquido de características idênticas, como referência às provas que se devem superar para alcançar o equilíbrio perfeito. A moderação e o controle são resultado da temperança.

Os recipientes representam o útero que acolhe o ser em desenvolvimento e os pares de opostos; suas formas octogonais diferenciam-se apenas nos materiais com os que estão construídos: o cântaro da esquerda é de ouro e o da direita é de prata para representar os extremos que devem se encontrar em um ponto médio.

A água é o veículo que consegue a união dos opostos. É também a representação da matéria astral, a matéria mãe, veículo necessário para a criação da vida. Passa de forma ondulante de um recipiente para outro para significar o inesgotável fluxo da energia cósmica. A pureza apresentada pela água é reafirmada com o branco das asas da Temperança; os tons violetas nas plumas sugerem a passagem até estados superiores de consciência, expiação e conversão, compaixão, transmutação e liberação.

O personagem ao lado dessa chave está associado a Hermes, a Thot, senhor do tempo, e à Íris, deidade grega mediadora dos deuses e transformadora da água. A deusa Íris está representada também pelo arco multicolor que aparece na parte superior do arcano. O arco-íris simboliza a união dos elementos masculino e feminino. Evoca também os sete centros energéticos do corpo humano e os metais alquímicos.

Aos pés do anjo está a Constelação do Arqueiro, centauro metade cavalo e metade homem. Esse grupo estelar representa o nono signo astral, Sagitário, regente da Temperança.

Acima do arqueiro, na parte central do desenho, destaca a Constelação do Cão Maior, enquanto os raios luminosos das estrelas alcançam o anjo e Sagitário.

- **Significado:** A paz e a tranquilidade representadas pela Temperança são obtidas pelo equilíbrio entre os opostos. A moderação é uma qualidade muito importante na vida, assim também a tolerância por aquelas ideias ou opiniões que não coincidam com as nossas. A aparição dessa chave em uma leitura diz da necessidade de buscar uma maneira nova de fazer as coisas ou de enfrentar a vida, uma forma menos tensa e estressante, com mais compaixão, mais cooperação e mais perdão. O sucesso vai chegar, mesmo que de forma não instantânea. A paciência e a perseverança, ao final, vão render seus frutos.

- **Invertida:** Desarmonia. Intranquilidade. Falta de moderação. Situação difícil que vai requerer todas as qualidades positivas aqui mencionadas.

15 – O DIABO

Quinze é o número atribuído à chave do Diabo. As chaves do Tarô que unidas ou somadas dão por resultado o número quinze relacionam-se com esse arcano. Riso, alegria, ilusão, aparência externa, cativeiro, castigo, culpa, escravidão dos instintos, confusão e falta de controle são alguns dos significados contidos nesse arcano.

O Diabo está representado por uma figura grotesca que desvela rasgos humanos e bestiais; ilustrado como um homem portando chifres, grandes orelhas pontiagudas de animal e garras no lugar dos pés, o Diabo personifica a imagem de Deus invertido, do adversário, perturbador e caluniador.

Com a mão direita no alto faz um signo contrário ao que realiza o Hierofante. O Hierofante envia uma bênção espiritual, o Diabo separa os dedos médio e anular para assinar com seu gesto que a única verdade encontra-se na matéria. Na mão direita segura uma máscara dourada que quando usada oculta parcialmente seu verdadeiro rosto.

No torso do Diabo há um pentagrama invertido, figura considerada símbolo de magia negra, emblema maligno que promete a dominação do espírito mediante a matéria.

Embaixo da estrela invertida, na altura do ventre, está representado o signo de Mercúrio para expressar controle e domínio da consciência.

O Diabo repousa sobre uma figura retangular para expressar entendimento parcial. Sua cor preta simboliza ignorância, ausência de Luz.

No primeiro plano há um casal desnudo. A carência de roupa indicia nesse caso seu estado primitivo. O homem e a mulher desse arcano devem atravessar longo processo de evolução antes de se libertar da submissão, pois estão escravizados pela ignorância, mentira e parcialidade. Irão romper as cadeias quando aprenderem a discriminar, quando forem capazes de ver a verdadeira essência das coisas, além do seu aspecto exterior.

Na parte superior do arcano encontra-se a Constelação do Cão Maior com Sírio, cujos raios brilham para iluminar a cena.

À esquerda, na parte média da composição, aparece a Constelação do Bode representando Capricórnio, décimo signo astral regente desse arcano. O bode traz a encarnação de lascívia, erro, engano, ganância e restrição, por isso, a sua imagem está associada de forma inevitável às faculdades atribuídas ao Diabo.

- **Significado:** Por vezes, desvela que o materialismo e a ambição egoísta são as forças que nesse momento impulsionam a pessoa. No plano sentimental, fala da relação íntima com alguém dependente de drogas. Se há projeto de se abrir um negócio, recomenda-se cuidado com os benefícios fáceis à custa de enganar os outros ou de se aproveitar de sua crença e boa fé.

- **Invertida:** As cadeias que aprisionavam a pessoa tendem a se soltar. O fim de uma situação enganosa, de uma distorção da realidade causada por ilusão ou engano.

16 – A TORRE

Dezesseis é o número atribuído à Torre. O significado oculto dessa chave está vinculado aos conteúdos nos arcanos um e seis, ao Mago e aos Amantes. Está também relacionado com a Força porque seus dígitos somam sete, número que pertence a essa carta.

A estrutura vertical da Torre está identificada como o Eixo do Mundo que une os espaços celeste e terrenal. Com sua imagem se evoca a Torre de Babel, símbolo do erro, a ignorância e a soberba dos seres humanos que dificultam a comunicação e o entendimento ao emitir palavras irreflexivas, carentes de sentido.

As janelas da Torre simbolizam as 22 modalidades de consciência contidas nos Arcanos Maiores do Tarô. Por meio delas se observa a ignorância e a ausência de Luz representadas pela cor preta.

A Torre é alcançada por um relâmpago gerado no centro da Estrela Sírio. O astro simboliza a energia cósmica radiante, o poder de vida e a superconsciência. Com o raio de Sírio se destroem os falsos conceitos do Ego.

A Torre representa a palavra humana. Está em cima de um penhasco para enfatizar o fato de que os seres humanos que se consideram iguais a entidades separadas, independentes e isoladas, consomem sua vida inutilmente ao se negar a formar parte da totalidade cósmica.

Nessa cena de destruição observa-se a maneira violenta em que é jogado ao precipício o casal que morava no interior da Torre. Uma mulher e um homem caem no abismo e se despojam de suas vestimentas para se libertar da ignorância que os mantinha prisioneiros e dos falsos conceitos do pecado.

A mulher encarna Eva e a subconsciência, seu companheiro representa Adão e a consciência. Ambos personificam os pares de opostos. No caminho irão realizar a principal ação sugerida por essa chave: despertar; abandonar o mundo de equívocos e erros, eliminar as velhas estruturas mentais para construir novas estruturas que os liberem de toda limitação e os conduzam pelo caminho da Luz.

Sobre a torre uma coroa octogonal que se precipita também ao vazio. A coroa simboliza a vaidade disfarçada de poder soberano que colapsa com a chegada da Luz.

O fogo desintegra a Torre, provoca a extinção, mas é também fonte de luz e calor. No fogo está representada igualmente a energia cósmica que vai gerar nova vida com suas vibrantes chamas.

• **Significado:** O significado geral dessa chave é a ruptura e a destruição das estruturas que nos mantinham prisioneiros do erro. A aparição dessa carta indicia mudanças bruscas, inesperadas. Sua ação é drástica, mas ao olharmos com nitidez veremos que há uma necessidade interior que nos impulsiona a nos liberar de ditas estruturas. A chave ainda trata de perda do trabalho atual, de ruptura de um relacionamento sentimental, de perda econômica pelo colapso da bolsa de valores, de um acidente de carro, um incêndio na casa, uma operação grave e inesperada ou qualquer outro evento igualmente drástico e dramático. O importante é não se deixar levar pelo desespero, confiar e esperar um pouco. No final, veremos que tudo foi providencial, visando à melhoria.

- **Invertida:** Maledicências. Catástrofe de consequências menores.

17 – A ESTRELA

Dezessete é o número atribuído à Estrela. Seu significado está ligado a todos os números dos Arcanos Maiores que unidos ou somados dão por resultado essa cifra. Revelação, meditação e consciência interna são as palavras que expressam o significado profundo da Estrela.

Sírio representa a Estrela principal, o poder de vida, a quintessência dos alquimistas, o elemento espiritual e a energia cósmica concentrada que se entrega à humanidade através dos raios luminosos.

As sete estrelas que acompanham Sírio formam a Constelação do Cão Maior e simbolizam os metais mencionados pelos alquimistas, os princípios herméticos e os chakras ou centros de enlace através dos quais flui a energia no corpo humano. Possui oito pontas como referência à luz radiante de todos os sóis. Sobre uma das pontas da Estrela descansa uma jovem que representa

Ísis, deidade egípcia considerada mãe salvadora que guarda e preserva. Simboliza também a verdade. Seu cabelo e seu vestido estão ornamentados com pequenas estrelas que simbolizam a luz interior preciosa e protegida por Ísis.

A jovem possui segredos que serão revelados através da meditação, prática que se realiza ao centrar a atenção em um tema específico, ao tempo em que se minimiza a atividade da consciência. Ao se meditar aparecem as respostas procuradas.

A figura feminina sustenta em suas mãos dois copos que derramam água. Os recipientes octogonais sugerem a presença dos pares de opostos. Um é de prata e o outro de ouro para enfatizar suas diferenças e suas faculdades.

O objeto de prata que vemos na mão esquerda da figura representa o elemento feminino e a subconsciência. O recipiente dourado simboliza a essência masculina e a consciência.

Os fluxos de água que surgem dos recipientes caem no mar infinito do cosmos. Um deles forma vertentes que representam os cinco sentidos, o outro derrama o conteúdo na sua fonte original formando linhas curvas que sugerem o movimento contínuo da matéria mãe.

A Constelação da Águia está no extremo inferior esquerdo do arcano. O conjunto estelar representa Aquário, décimo primeiro signo do zodíaco que rege a Estrela. Do cântaro de Aquário surge uma torrente de água que se incorpora à corrente dos líquidos vertidos pela figura.

- **Significado:** Após a violenta e catastrófica Torre, finalmente tudo é harmonia e equilíbrio. Agora, sob a suave luz da Estrela, a pessoa tem condições de alcançar seu potencial mais elevado. Essa chave fala de paz, tranquilidade, renovação e cura. É o começo de novo ciclo em que o esforço e o trabalho vão surtir resultado. Profunda paz parece surgir do subconsciente. Tudo marcha como deveria e a vida mostra a unidade de tudo o que existe. Se temos confiança e fé, alcançamos nossos propósitos. Quanto mais positivos formos, mais fácil tudo será. Em geral, a Estrela aponta sucesso, harmonia e fortuna.

- **Invertida:** Pessimismo. Dúvidas. Falta de clareza quanto às oportunidades que a vida oferece. A carta ainda remete a uma pessoa negativa e egoísta.

18 – A LUA

A atenção e a sugestão, atributos contidos nas chaves um e oito do Tarô, são alguns dos significados para o número dezoito, cifra atribuída a esse arcano.

A Lua branca simboliza pureza e perfeição, organização e consciência do corpo obtida pela realização de mudanças sutis que agudizam a sensibilidade corporal; sugere também duplicação, reflexão e regresso à origem. Representa o yin, princípio feminino, e a deusa grega Selene.

A Lua é considerada consorte do sol que recebe sua energia e seus benefícios para refleti-los na face da terra. Astro passivo de essência feminina, a Lua tem profundos vínculos com a subconsciência.

A Lua serve de cama para a mulher que dorme protegida pela luz de Sírio e as demais estrelas do Cão Maior.

A mulher porta uma túnica transparente bordada de estrelas que cobre parcialmente seu corpo desnudo. Sua longa cabeleira ruiva simboliza sabedoria e iluminação. Além de representar a subconsciência, a Lua simboliza o conjunto de forças cósmicas operando nos campos da personalidade humana e do corpo físico.

Um cachorro e um lobo voltam suas cabeças até a Lua, simbolizando os pares de opostos, condição que é reforçada com as cores de suas pelagens.

O cão é branco e seu antagonista preto. Os animais representam distintos graus de evolução: o cão, por ser domesticado, controla seus impulsos de ataque. O lobo, por sua vez, encontra-se em estado primitivo e conserva os instintos naturais que dominam seus atos.

Os animais estão seguros em uma faixa de pequenas estrelas que marcam a fronteira entre o que está acima e o que está embaixo; estão colocados no meio dos mundos físico e espiritual.

Um caranguejo violeta emerge das águas de um poço. O crustáceo dirige-se até a luz da Lua e de Sírio, até a Luz cósmica; representa os estados primitivos de consciência e a energia instintiva. Sua determinação para alcançar a luz faz dele o símbolo de perseverança. Recorrerá um longo caminho, experimentará múltiplas mudanças corporais antes de sua consciência chegar a níveis superiores de evolução.

Abaixo, no centro da composição, está a Constelação de Peixes que representa o décimo segundo signo do zodíaco e rege o arcano da Lua. Os peixes nadam nas mesmas águas do poço que acolhem o caranguejo.

- **Significado:** A Lua nos conecta com os mistérios e às qualidades do mundo feminino, com as profundezas da mente subconsciente e com o mundo dos sonhos, mas também, em alguns casos, desvela ansiedade por motivos indefinidos, paranoia ou mesmo enganos.

Sua aparição em uma tiragem diz que chegou o momento de afrontar medos, a fim de descobrir o que é ilusão e o que é realidade. De modo geral, é uma indicação de que no momento devemos buscar as respostas na intuição, nos sonhos e nos sinais, mais que no mundo da lógica e da razão.

- **Invertida:** A razão e a lógica controlam a imaginação. Não é o momento de se aventurar no mundo do intuitivo.

19 – O SOL

Dezenove é o número que corresponde à chave do Sol. Todos os Arcanos Maiores, cujos números somados deem por resultado dezenove, relacionam seus conteúdos ocultos com os do Sol. Os significados das chaves um e nove, o Mago e o Eremita, também estão vinculados intimamente com o arcano dezenove.

A importância concedida ao Sol em todas as culturas é indiscutível, por ser o eixo entorno ao qual traçam suas órbitas os astros do nosso sistema planetário. Sem sua energia, a vida não seria possível. Símbolo por excelência da divindade, ocupa um lugar relevante na mitologia: Hélios, o fogo sagrado dos gregos; Apolo, deus da luz, e Hórus, antigo deus solar dos egípcios, relacionaram-se com o astro rei.

Símbolo do ouro alquímico, o Sol é considerado também instrumento de purificação através do qual se chega à compreensão das verdades supremas. O astro é considerado o símbolo do Ser real do indivíduo, de vitalidade e vontade. Os conceitos de lealdade, autoridade, governo, glória, riqueza, espiritualidade e iluminação divina relacionam-se de forma inevitável com o Sol. As cores violeta, vermelho, laranja e amarelo utilizadas para representar o astro enfatizam esses significados.

Regeneração da personalidade humana e renascimento são os significados profundos contidos neste arcano.

No centro do Sol há um rosto masculino para significar a inteligência vivente e consciente. Ao se revelar com um duplo sistema radial sugere que sua energia múltipla, inesgotável e variada mantém-se em constante movimento e abrange todas as direções.

Todos os raios são representações da dualidade, da perfeita união dos opostos. Oito dos raios estão traçados com linhas retas para simbolizar os aspectos masculinos da energia radiante universal. Os raios ondulantes representam a essência feminina e as correntes luares.

Na parte inferior deste arcano há um par de crianças que dança desnuda para simbolizar a verdade. Dança sobre elipses formadas por pequenas estrelas. Os ovais concêntricos representam a quarta dimensão, fusão das três dimensões do espaço com o tempo, em que todos os eventos podem acontecer. As figuras concêntricas simbolizam também as limitações da existência física, o ovo cósmico e a semente. A criança encarna a subconsciência, já o pequeno a consciência. A luz de Sírio e o Cão Maior encontram-se no centro das massas estelares que seguram as crianças.

- **Significado:** A aparição dessa chave geralmente prediz um grande acontecimento na vida da pessoa. Frequentemente é associada ao entusiasmo, exuberância, sucesso e ganhos materiais e a qualquer acontecimento relacionado diretamente com a luz do sol: uma viagem até climas cálidos ou tropicais, o crescimento e desenvolvimento de algum projeto ou a obtenção de resultados a partir dos nossos esforços. Em uma consulta sobre trabalho, é evidente que a pessoa vai conseguir o posto que deseja. Em assuntos sentimentais, financeiros ou de saúde, indicia igualmente sucesso indiscutível. Em temas espirituais, é o mais próximo à iluminação.

- **Invertida:** Indício de arrogância, egoísmo ou de personalidade excessivamente centrada em si mesma. Falta de tranquilidade, desassossego ou fim de um relacionamento podem, igualmente, estar apresentado nessa aparição.

20 – O JUÍZO

Vinte é o número que corresponde ao penúltimo dos Arcanos Maiores do Tarô. Os significados dessa cifra relacionam-se diretamente aos atribuídos às chaves dois, à Grande Sacerdotisa, ao zero e ao Louco.

Realização é a palavra que sintetiza o significado profundo dessa chave. Os conceitos de ressurreição, restauração, princípio, fim e decisão estão contidos na simbologia do Juízo.

Na parte superior do desenho aparece a figura de um anjo. Ele porta em sua cabeça uma tiara de estrelas que significa luz radiante, pureza e sabedoria. O ser alado evoca a figura da Anunciação e sugere a presença do Arcanjo Gabriel, Heraldo celestial que se apresenta para revelar a vontade divina.

O anjo representa o fôlego de vida. Seu trompete dourado anuncia a chegada de boas notícias. Os sete raios que surgem do instrumento simbolizam as cores do arco-íris, os centros energéticos do ser humano e os princípios herméticos.

De três espirais cônicas formadas por estrelas, surgem um homem, uma mulher e uma criança, que se mostram nus para evidenciar seu renovado estado de pureza.

As espirais simbolizam evolução, mudança, transição e progresso. Os três personagens recuperam a vida, emergem da escuridão com novas energias. Saem ao encontro da Luz anunciada pelo anjo.

O homem representa o pai e a consciência, a mulher encarna a mãe e a subconsciência; o pequeno simboliza o filho e a personalidade humana integrada com as duas modalidades de consciência de que são portadores seus pais. O trio evoca a presença da Sagrada Família.

Os três personagens despertam, liberam, transmutam energias e retomam a integridade, abandonando o espaço de escuridão onde estavam sepultados, dispondo-se a continuar seu caminho até a identificação com a consciência universal, com o Todo.

O fundo preto sobre o qual aparecem os remoinhos estelares representa a ausência de luz, as trevas que serviram de sepulcro para os seres que renascem. Simboliza também o recomeço: a escuridão da noite pressagia a chegada do dia.

No centro da cena estão a Estrela Sírio e suas sete companheiras do Cão Maior. Os astros simbolizam a energia cósmica que se projeta para guiar as ações dos personagens.

- **Significado:** Essa chave, ao aparecer em uma tiragem, normalmente fala da necessidade de se desprender do passado e iniciar nova vida. Isso significa não olhar mais para trás, não culpar terceiros e assumir, finalmente, a responsabilidade pela própria vida. Talvez seja conveniente realizar uma análise do que foi feito até o momento, avaliar as oportunidades bem aproveitadas e aquelas que foram desperdiçadas e as consequências de todas essas ações. Após esse exame de consciência é preciso olhar para o futuro, da forma que se quer que ele seja e saber que tem a capacidade de moldá-lo com ações diárias, pois esse conhecimento trazido pelo exercício de reflexão fará que a vida mude totalmente.

- **Invertida:** Cegueira. Não perceber a grande oportunidade de mudança que a pessoa tem diante si. Bloqueio em uma situação problemática fechando os olhos perante as possíveis saídas.

21 – O MUNDO

Vinte um é o número que corresponde ao último dos Arcanos Maiores. Os significados das chaves dois, a Grande Sacerdotisa, e um, o Mago, relacionam-se com esse arcano.

O Mundo, o cosmos grego, a possibilidade de todo o criado e a ordem emanada do caos estão representados nessa lâmina. As palavras que definem o sentido profundo para esse arcano são consciência cósmica, domínio e escravidão. Para chegar à consciência cósmica é necessário certo tipo de domínio, o controle das circunstâncias que facilita a liberação, o abandono da escravidão.

O acesso às etapas de consciência expressas no Tarô conduz à representada no último dos Arcanos Maiores, à consciência cósmica, ao Nirvana. Nessa etapa, alcança-se o estado transcendente, livre de sofrimento.

O estado de consciência cósmica não se adquire com elementos tomados do exterior, mas quando o indivíduo se encontra e se identifica com sua natureza profunda. Então, o eu pessoal é aniquilado para permitir a identificação com o princípio supremo do universo. Esse tipo de consciência não se adquire com a morte, significa o passo que leva a uma existência com características novas. A situação de felicidade absoluta é alcançada pelo personagem que está no centro do cosmos dançando em liberdade. Liberado de toda atadura, sua dança está em sintonia com o ritmo harmônico marcado pelo cosmos, em uma dimensão espacial e temporal distinta da conhecida pelo personagem nos seus estados anteriores.

Um véu violeta cobre parcialmente seu corpo. Com ele se forma a letra hebreia kaph vinculada ao arcano dez, à Roda da Fortuna. A presença dessa grafia sugere a ideia que o mundo é um sistema de rodas. Dessa maneira, expressa-se a purificação da vida resgatada da roda da reencarnação.

O jovem segura uma espiral branca de vinte e duas voltas em cada mão, com as que se faz referência ao princípio de polaridade porque giram em sentidos opostos. As vinte e duas revoluções das linhas sugerem a manifestação dos estados de consciência contidos no Tarô.

Do coração, centro de amor de quem dança, surge Sírio para preencher com seus raios de luz toda a cena.

Vinte duas estrelas servem de marco para a dança do Mundo. Com elas se reitera a existência do mesmo número de modalidades de consciência implicadas no Tarô, níveis de desenvolvimento que deve atravessar o ser humano para obter sua identificação com a consciência cósmica.

- **Significado:** Esse arcano representa o final de uma viagem, o fim de um ciclo, de uma roda da manifestação. Acabou-se uma etapa, certa meta foi alcançada e todos os elementos utilizados até agora são sintetizados em um todo. É o ponto em que a pessoa entende que tudo nasce do seu interior e pode ser irradiado. A pessoa entende que suas crenças modelam a realidade na qual vive e, por isso, tudo está ao alcance da sua mão. Livre de restrições, o Ser estende seus horizontes até o infinito.

Em uma leitura, apresenta sucesso, fim de algo, uma obra completada. Geralmente, marca o momento de recolher os prêmios pelas ações realizadas e de se dispor a iniciar nova etapa, uma vez que na realidade não há meta final. O caminho é a meta.

- **Invertida:** Se negar ou não aceitar crescer. Medo de explorar novos horizontes. Apego excessivo, desejo em permanecer na zona de conforto.

8

Os Arcanos Menores

Do mesmo modo que os 22 Arcanos Maiores representam situações e arquétipos universais, os Arcanos Menores referem-se a situações comuns na vida diária, mostrando-nos os perigos, as oportunidades, as emoções e os contratempos que todos ocasionalmente temos, e isso é justamente o que mais parece interessar às pessoas que recorrem ao Tarô como instrumento de adivinhação.

Os Arcanos Menores estão divididos em quatro espécies ou "paus" que são as Copas, os Ouros ou Pentáculos, as Espadas e os Paus. No Tarô das Estrelas os quatro paus conservam o desenho proposto nos instrumentos de trabalho reunidos na mesa do Mago e nos objetos que levam os personagens da corte. Sírio e as estrelas do Cão Maior aparecem sempre no centro das lâminas e, ao redor da sua luz, estão colocados os paus de maneira simétrica. Para se trabalhar com o Tarô, seja utilizando-o como instrumento adivinhatório ou com outra finalidade é necessário, antes que qualquer outra coisa, conhecer os significados de cada carta. Isso requer algum tempo, mas é mais simples do que parece à primeira vista. Uma vez conhecidas com clareza os significados das cartas, será fácil estabelecer relações entre elas, para ler em sua totalidade uma situação determinada.

Os Ases

O Ás é a carta que dá origem a todas as demais, dentro do seu próprio pau. Pelo fato de serem as primeiras cartas de cada espécie, representam as forças desse pau em toda sua pureza e esplendor. São o número um, o qual as relaciona com o sol e com os signos astrológicos de Leo e Áries que simbolizam força, iniciativa, energia, ambição, originalidade e liderança. Entre seus traços negativos estão a arrogância e o mal uso da própria força. A aparição em uma tiragem de um Ás invertido, por sua vez aponta para mal uso da energia representada por esse arcano.

Ao se fazer presente em uma leitura, um ou vários Ases, significa recomeço, demonstração de oportunidades, de ambições ou do início de algo que, no seu devido tempo, vai gerar bons resultados. O Ás revela momento adequado para iniciar algo ou para realizar uma mudança de direção. Indicia o princípio de um ciclo. Mostra que é o momento de buscar novas oportunidades e de ampliar horizontes. É o momento de tomar decisões.

As Figuras da Corte

Os reis, rainhas, príncipes e princesas normalmente representam as pessoas relacionadas com a vida do consultante. Sua interpretação exige prática e a melhor maneira de chegar a entender bem as cartas, que representam figuras da corte através da experimentação, é o erro. Isso é válido para qualquer arcano, seja Maior ou Menor, mais se aplica especialmente às figuras da corte.

Ao interpretá-las em uma tiragem é muito importante levar em conta as cartas que as circundam e que tendem a nos dar dicas muito valiosas. Como sempre, o mais importante é praticar e somente a prática vai dizer se os significados que figuram nos livros são válidos para você em particular.

Junto a todas as figuras da corte está Sírio com suas companheiras do Cão Maior. Os reis e rainhas levam coroas de ouro com desenhos octogonais. Cada um dos casais tem ornamentos iguais na forma, mas distintos em tamanho. Os deles são maiores e os de seus consortes são menores. Todos os reis e rainhas estão de pé, erguidos, para enfatizar sua condição de superioridade, domínio e realeza.

Os cetros dos monarcas são idênticos aos elementos dispostos na mesa do Mago:

- *Paus:* Espiral de ouro e prata de doze raios, com figuras octogonais contendo estrelas nos seus núcleos.
- *Copas:* Recipientes octogonais de prata com estrelas douradas.
- *Espadas:* Armas de prata com empunhadura em forma de espiral ornamentada com octógonos de ouro.
- *Ouros:* Moedas octogonais com estrelas de oito pontas no seu centro.

Os príncipes e princesas não levam coroa.

As princesas não estão de pé, o que sugere que suas faculdades são inferiores às de seus soberanos. Todas elas descansam sobre nebulosas perto da Constelação do Cão Maior que inclui a Sírio.

Os príncipes cavalgam corcéis que surgem de massas de matéria cósmica e são guiados pela luz de Sírio.

O indicador

É uma carta que simboliza a pessoa a quem vai se ler o Tarô. Se o indicador é eleito antes de começar, aconselha-se que a leitura seja feita com base na cor da pele ou do cabelo da pessoa, seu sexo, sua idade e seu signo astrológico. Normalmente, um rei retrata um homem de certa idade e uma rainha, uma mulher madura.

Os signos astrológicos agrupam-se nos quatro elementos, que representam quatro tipos de energia. O Fogo simboliza a imaginação e a criatividade (Áries, Leão, Sagitário), a Água representa a intuição e as emoções (Câncer, Peixes, Escorpião), o Ar é o intelecto (Gêmeos, Aquário, Libra) e a Terra representa o corpo e as necessidades materiais (Touro, Virgem, Capricórnio).

Os paus dos Arcanos Menores seguem o mesmo padrão: as Copas representam o elemento Água, as Espadas o Ar, os Paus o Fogo e os Ouros a Terra. Desse modo, se a pessoa a quem estamos lendo as cartas é uma mulher de mediana idade e de signo Escorpião, elegeremos por indiciador a rainha de copas.

Os príncipes e princesas representam pessoas solteiras com idade que oscilam entre 15 e 35 anos, mesmo que, às vezes, possam ser crianças ou pessoas mais jovens.

AS COPAS

Representando o elemento água, as Copas referem-se ao mundo emocional, aos relacionamentos, ao romance e a todos os assuntos do coração. Igualmente à arte, à compaixão, à intuição e às faculdades psíquicas. As figuras da corte de Copas costumam ser conselheiros, músicos, pintores, psicólogos, videntes ou qualquer pessoa vinculada ao mundo afetivo e sentimental.

Ás de Copas

O Ás de Copas

A aparição do Ás de Copas fala de recomeço na vida emocional da pessoa. Nova relação que culminaria em matrimônio ou em amizade duradoura ou em vigorosa renovação de um relacionamento já existente. Em consultas orientadas exclusivamente ao trabalho, aponta-se para o início de uma empresa muito criativa. As palavras-chave são renovação ou início emocional, amabilidade, amizade, imaginação, arte, poesia, alegria, abundância, compaixão, romance, paixão, compromisso, matrimônio, gravidez, maternidade, amor espiritual e faculdades psíquicas. Ademais, o casal, as amizades íntimas, alguém muito compassivo, pessoa dedicada a uma atividade artística ou pessoa com grande intuição.

- **Invertida:** Amor não correspondido. Final de um relacionamento. Coração magoado. Problemas no relacionamento pré-existente. Tristeza. Problemas matrimoniais. Vazio emocional. Sensação de rejeição ou de manipulação.

O Dois de Copas

O Dois de Copas revela a continuação de um relacionamento sentimental em plena harmonia. Perante uma disputa ou distanciamento, essa é a oportunidade de se reconciliar. É também a carta do companheiro espiritual, aquela pessoa que podemos amar sem condições e com a qual compartilhamos um relacionamento muito especial. Em algumas ocasiões, indicia paz, harmonia e equilíbrio interno. Sua aparição em uma tiragem pode ser um indicador de que a pessoa deva sair mais, relacionar-se com seus amigos e com seus seres queridos e eliminar qualquer distanciamento anterior. Em geral, tudo o que seja cooperação, amizade, harmonia, companheirismo, reciprocidade e amabilidade são conceitos incluídos no significado do Dois de Copas.

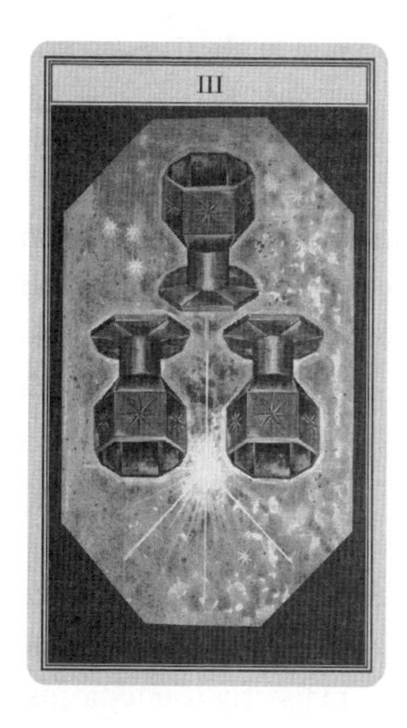

O Três de Copas

O Três de Copas apresenta a existência de um motivo para festejar; algo que traga alegria ou diversão. Se prepare para uma festa, aniversário, matrimônio, batizado ou qualquer outro evento alegre. É momento de compartilhar a felicidade com os demais, mesmo que ainda haja muito trabalho a fazer. Se o Natal ou outra festa estiver próxima, a carta ainda se refere a tal celebração. Outrossim, fala da solução de um assunto pendente, de ordem amistosa ou amorosa. Se a pessoa encontra-se confusa nesse sentido, esse é o momento de deixar tudo às claras. Para quem esteja solteiro ou careça de um relacionamento amoroso, há grandes possibilidades de encontrar essa pessoa tão especial em uma festa, celebração ou em um matrimônio.

Essa carta ressalta a influência e a importância da comunidade em que se move a pessoa, e, mesmo que cada membro dessa comunidade seja diferente, o trabalho conjunto segue em harmonia.

Com frequência, é um signo do verdadeiro poder do grupo: reunir as pessoas de todas as idades e formas de vida para alcançar um objetivo em comum. Denota a conveniência de buscar outras pessoas para celebrar com você seu sucesso. Em assuntos de saúde, trabalho ou finanças é uma carta igualmente positiva que prediz resultado feliz, mesmo que sempre enfatize a benéfica companhia dos outros.

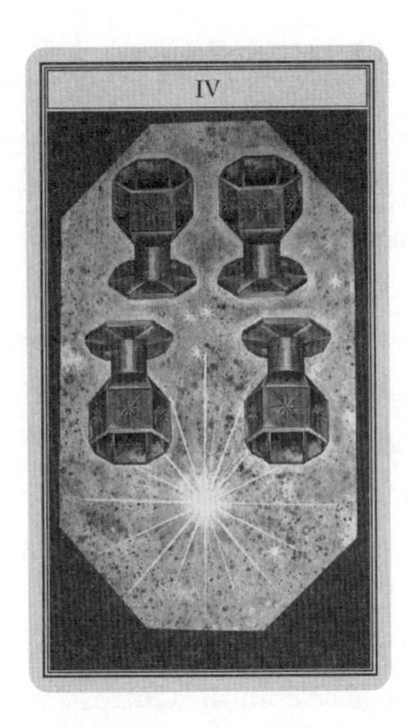

O Quatro de Copas

Peso, tédio, separação, isolamento social, apatia, distanciamento, sensação de vazio interior, falta de motivação e solidão são algumas das palavras que definem a situação apresentada pelo Quatro de Copas. Tudo o que era cor-de-rosa torna-se cinza obscuro e a sensação de incompreensão prevalece sobre as demais. A lua de mel cede espaço a uma vida de aspectos mais cruéis e tediosos. Tudo parece estancado e tudo é insatisfatório. Pode ser que algum sucesso desagradável recaia sobre o consultante, fazendo-o se fechar numa espécie de carapaça. Prevalece uma sensação de vazio, algo falta na vida, mesmo que não se saiba dizer exatamente o quê. A verdade é que a maior parte do tempo não se dá conta da abundância em que vive, por estar focado demais naquilo que quer.

O perigo dessa postura de fechamento, representada pelo Quatro de Copas, é que nos impede de ver as coisas boas e as oportunidades que nos circundam. Cuidado! Nesse estado de ânimo, é provável que recebamos com desdém ofertas realmente muito vantajosas e interessantes ou desprezar oportunidades que raramente voltarão.

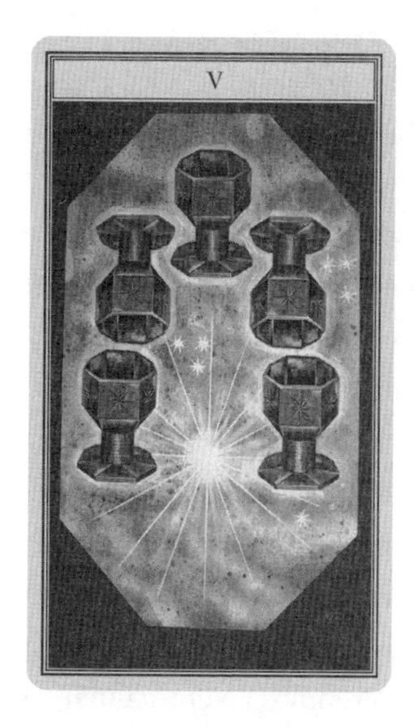

O Cinco de Copas

Lamentação, autoculpabilidade e tristeza são as ideias que transmite o Cinco de Copas. Outras vezes, um final desventurado, falta de confiança e de fé, traição em amor e pessimismo exagerado. Ansiedade, a causa de uma separação, problemas matrimoniais ou familiares. Em assuntos amorosos é sempre um momento de crise e ou de ruptura. A pessoa sente-se abandonada, traída e castigada.

Essa carta ainda aponta para divórcio ou aborto. Geralmente, refere-se a alguém que não consegue se libertar do passado ou que experimentou grande perda emocional que o mantém no abismo, lembrando sucessivamente os erros passados. Não obstante, mesmo que muita coisa tenha sido perdida, algo fica. O passado é passado. É necessário olhar para o futuro e tratar de ver o copo meio cheio, no meio vazio.

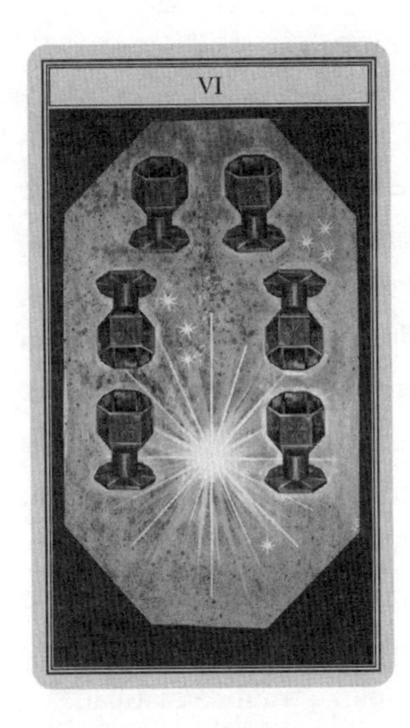

O Seis de copas

Entre os conceitos geralmente associados a essa carta estão a inocência, as lembranças da infância, o compartilhar com os demais, as conversações sinceras, um renascer no amor, a renovação de antigos laços, a harmonia restaurada, as lembranças de velhos tempos, um amor que volta do passado, velhos amigos, as relações kármicas, as lembranças felizes, a renovação emocional, os reencontros agradáveis, as celebrações, os presentes, os valores familiares, o desfrutar da casa e da família, as viagens para visitar familiares, as heranças e o trato com crianças. Assim, eventualmente indique um encontro fortuito com um velho conhecido, com um antigo amor ou com um familiar a quem não se via há muito tempo. Alguém do passado ressurge, trazendo pensamentos que remetem à época anterior, proporcionando ao mesmo tempo inspiração e momentos felizes.

A lâmina está, igualmente, relacionada à infância, às crianças em geral. Da mesma forma, pode significar alguma reunião ou celebração familiar agradável.

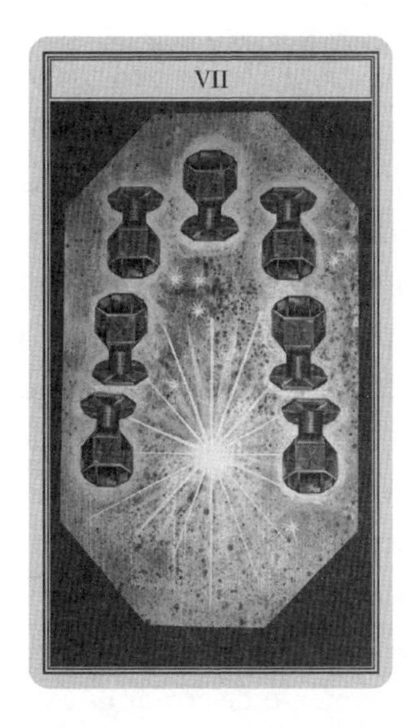

O Sete de Copas

Nessa carta, a criatividade incide sobre o mundo emocional. A imaginação e a fantasia se combinam para formar milhares de possibilidades. O Sete de Copas caracteriza-se por uma grande imaginação e sonhos muito detalhados. Você tem muitas opções entre as quais eleger, mas está confuso, pois não é capaz de distinguir com clareza as boas oportunidades das más. Às vezes, a imaginação chega a escurecer a realidade e dificultar a escolha. O perigo é se perder no mundo da fantasia e eleger o que não é correto. É bom sonhar, mas sempre consciente de que se trata de sonho. Talvez o que mais deseje esteja do seu lado, esperando que você consiga reconhecer. O sucesso vai depender do cuidado com o qual você considere e avalie cada uma das possibilidades que lhe são oferecidas.

O Sete de Copas avisa de que sua mente pode estar confusa demais nesse momento para tomar uma decisão acertada. Talvez suas expectativas sejam pouco realistas e sua imaginação esteja excitada demais. O mais sábio será aguardar o tempo necessário para obter mais informação. Mas, sobretudo, de que tenha certeza que ouve a sua voz interior.

Essa carta, igualmente, refere-se a uma pessoa de pensamento extremadamente fantasioso e incapaz de aterrar na realidade – um artista ou alguém dedicado a trabalhos criativos.

O Oito de Copas

O Oito de copas pode representar o momento no qual se abandona uma situação insatisfatória para ir em busca de algo novo. Certo descontentamento com determinada relação ou situação. Pouco a pouco, esse dissabor torne-se consciente a ponto de provocar mudança de atitude. No momento, o que se deseja é romper com o velho e iniciar algo novo. Momento de cortar os oxidados laços emocionais e de se voltar realmente para si mesmo.

Às vezes, o Oito de Copas evidencia que os fatos precisam de uma lua (um mês) para se reorganizar e assim dar início a novo ciclo. É o momento de abandonar o velho, o que não funciona. É o momento de refletir e de aceitar e assimilar o aprendido.

Em relação ao trabalho, o Oito de Copas assevera que no emprego atual não existem mais possibilidades de progresso. Mesmo que o caminho ainda não esteja definido, parece clara a necessidade de caminhar em busca de algo novo. Leia os jornais, envie currículos, avise os seus amigos que está à procura de trabalho. Antes do que espera, você terá uma oportunidade muito mais adequada às suas capacidades e esperanças.

O Nove de Copas

Satisfação, desfrute, prazer, gratificação, saúde, felicidade, plenitude, saciedade, satisfação, prazer físico, felicidade material, trabalho bem feito, bem-estar econômico e sonhos que se tornaram realidade são algumas das ideias que sugere o Nove de Copas. Dito brevemente, é uma carta que anuncia que vamos conseguir aquilo que desejamos, indicando satisfação e felicidade. Pode querer dizer o final feliz de uma obra ou de um projeto importante e a iminência de férias bem merecidas.

Em relação ao matrimônio, denota que vai acontecer com a pessoa que desejamos. Outrossim, refere-se a alguém que alcança sempre o que busca ou a uma pessoa que vive na opulência e no luxo.

É uma carta que mostra satisfação e felicidade, sobretudo em termos emocionais, posto que pertence às Copas, todavia indicia bem-estar físico e sensação de sucesso. Felizmente, todos os trabalhos e pesares ficaram para trás. A correspondência astrológica do Nove de Copas é Júpiter, o planeta da boa fortuna. Não obstante, devemos lembrar que o bom em exagero pode se tornar algo ruim. Esse arcano avisa quanto ao risco de cairmos facilmente nos excessos e na excessiva indulgência e nos prazeres sensuais.

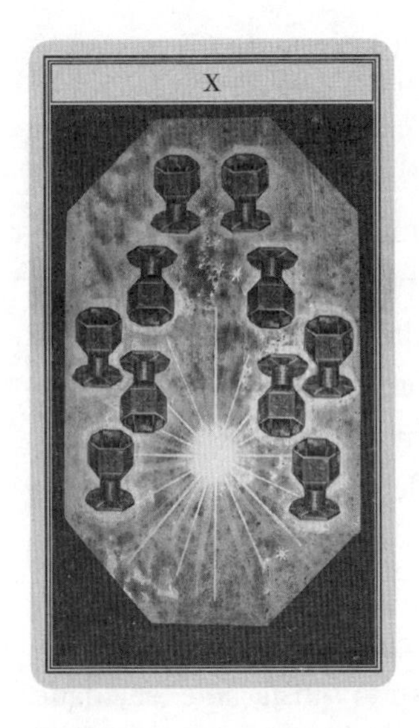

O Dez de Copas

O Dez de Copas é a carta da família feliz. Representa a alegria e a felicidade nas relações pessoais. Evidencia sucesso permanente, felicidade completa, harmonia emocional e prosperidade. Você conseguiu ter uma família feliz e um lar agradável e confortável. Você está em paz com você mesmo e com os demais. A lâmina costumeiramente se refere à felicidade doméstica, ou aparece em qualquer situação em que se tenha alcançado elevado nível de plenitude e satisfação.

Ao se tratar de trabalho, é um indicador de que as dificuldades vão desaparecer e que a harmonia estará presente em todas as relações laborais, tanto com os companheiros quanto com os superiores.

A paz é outro aspecto importante do Dez de Copas. É a serenidade que reina quando tudo está em harmonia e mostra tanto a paz interior quanto a externa. De fato, uma é reflexo da outra. Quando estamos em harmonia experimentamos a harmonia em tudo quanto nos circunda. Essa carta marca o fim de toda hostilidade. Se há hostilidade ao seu redor, sem dúvida em breve acabará, pois você encontrará a paz. É uma carta completamente positiva, qualquer que seja o campo da consulta: saúde, relacionamentos, trabalho ou finanças.

A Princesa de Copas

Princesa de Copas

Encostada sobre uma nebulosa e banhada pela luz de Sírio, a Princesa de Copas é um ser emocional, amável, sensível e com frequência muito intuitivo. Costuma trabalhar no anonimato e terminar o que outros começaram. Possui imaginação muito poderosa. Pode ser uma criança ou um jovem ou uma jovem com capacidades artísticas. Um músico, um pintor, um poeta, alguém amável e cooperativo, tranquilo, introvertido, passivo, sonhador e com grande imaginação.

Sua aparição denota próximas notícias de nascimento, de matrimônio, ou de compromisso ou qualquer outro evento feliz. Igualmente, retrata o início de um período de novos sentimentos e atitudes, um renascer emocional, recomeço de antigos laços ou do início de um relacionamento totalmente novo. De qualquer forma, é o começo de um despertar emocional que exigirá aprender coisas novas. Uma pessoa jovem e sensível com as características mencionadas possa surpreender você com boas notícias. Mesmo que esteja iniciando novo trabalho, você deverá estar muito atento aos assuntos emocionais.

- **Invertida:** Frivolidade. Criança ou crianças sem limites. Falta de amadurecimento emocional, insegurança. Falta de disciplina ou dedicação. Alguém que vive exclusivamente em um mundo de fantasia, sem contato com a realidade. Falta de sentido comum. Promiscuidade. Problemas com o álcool ou as drogas.

Príncipe de Copas

O Príncipe de Copas

Montado no seu cavalo, que emerge das estrelas e está banhado diretamente pela luz de Sírio, o Príncipe de Copas traz à nossa vida emoção, romance, atividades sociais e viagens. Ao representar uma pessoa geralmente se trata de um jovem romântico, refinado e idealista. Pessoa intuitiva – poeta, músico, pintor, psicólogo, terapeuta ou conselheiro, de carácter passivo e facilmente influenciável pelos demais. Com certeza, é alguém que traz amor a nossas vidas. É o amante ideal para todo homem ou mulher. Amigável, inteligente e cheio de novas ideias. É Romeo e Julieta.

A presença do Príncipe de Copas em uma tiragem pode revelar que vamos conhecer uma pessoa com essas características. Anúncio de uma viagem com amigos ou férias, convite ou oportunidade para conhecer gente nova. Quando essa carta não representa uma pessoa em particular, normalmente mostra toda a ilusão que esse príncipe é capaz de gerar e do qual pode ser, por sua vez, a vítima. Aviso para não cair em excessivo estado de devaneio e de ilusões românticas equivocadas estão presentes nessa leitura. Ser consciente das ilusões é o primeiro passo para não nos tornar vítimas.

- **Invertida:** Ilusão sem fundamento. Pessoa pouco confiável. Mentiras. Meias verdades. Truculência. Irresponsabilidade. Fraude. Narcisismo excessivo. Uma oferta atrativa demais para ser real. Há indícios de que alguém esteja mentindo. Antes de aceitar algum compromisso ou assinar algum documento é bom comprovar todos os detalhes e ler cuidadosamente o que se apresenta. Evite ser passivo demais e facilmente influenciável pelos outros, pois você corre o perigo de ser enganado.

Rainha de Copas

A Rainha de Copas

A Rainha de Copas é a rainha das emoções. As palavras que a definem são: sensibilidade, intuição, percepção, imaginação, lembranças, sonhos, amabilidade, empatia, sexto sentido, afeto, introspecção, criatividade artística, emoções, mistério, profecia, adivinhação, misticismo, psicologia, generosidade e amor para a casa e a família.

A aparição da Rainha de Copas em uma tiragem geralmente mostra a conveniência de olhar para o nosso interior e examina nossos sentimentos em relação a algum assunto. A voz da intuição será sempre uma guia confiável. É importante prestar atenção aos sonhos e às percepções.

Representação de uma pessoa, nossa mãe ou uma mulher de grandes sentimentos, imaginativa, artista, emocional e amorosa, uma enfermeira ou uma conselheira com grande empatia e compreensão. Amante dos animais e com inclinações para o misticismo e o mundo interior, de grande intuição e percepção clara. Intensamente emocional, apaixonada e leal. Em geral, as copas representam pessoas que são facilmente influenciadas pelos demais.

- **Invertida:** Retratação de uma pessoa vã e de juízo fraco, vítima fácil de enganos e exagerada e excessivamente indulgente consigo mesma. Superficial e indecisa. Pode ainda mostrar o fato de que as emoções obscurecem o juízo, ou que haja certa informação importante da qual ainda não temos conhecimento; alguém pode estar nos enganando. É importante selecionar com cuidado as pessoas que nos aconselham. Em caso de romance, risco de infidelidade. Risco de sacrificar nossa vida por alguém que não vale a pena.

Rei de Copas

O Rei de Copas

O Rei de Copas, além de ser uma figura masculina e poderosa, não deixa de ser romântica e sensível. É responsável por tudo e controla tudo. É sutil, educado, amável e de grande cavalheirismo. É amigável, muito sociável e especialmente devoto à sua família. O Rei de Copas trabalha sempre de acordo com a natureza e assim governa seu vasto reino. É refinado e normalmente delega aos outros os trabalhos "sujos". Pode levar seus afetos até o extremo e tem algo de infantil, porém, não deixa de ser respeitado. É extraordinário como amigo, companheiro ou sócio e, ao mesmo tempo, sabe contar histórias e contos maravilhosos. De alguma forma, encarna a pureza e o amor espiritual.

Em uma tiragem, com frequência representa um homem com tais características, maduro, culto e de grande inteligência, que sabe escutar e que sempre oferece valiosos conselhos. Referência ao próprio pai ou a uma figura masculina de perfil semelhante ou profissional de certa dignidade (um médico, um mestre ou alguém relacionado com a Igreja ou com o mundo legal), mas sempre respeitado e admirado. Alguém que entende as motivações subconscientes e que, apesar da elevada posição mundana que tem, continua a priorizar a sua vida emocional.

- **Invertida:** Mal conselho. Insegurança. Falta de amadurecimento. Comportamento neurótico. Duplo jogo. Enganos. Falta de sinceridade. Manipulação. Perigo de você se tornar vítima de um vigarista. Cuidado com um homem de comportamento encantador, mas de propósitos duvidosos.

OS OUROS

Os Ouros, Discos ou Pentáculos simbolizam o mundo material, as sensações, nosso entorno físico e nossa situação econômica. O mundo físico corresponde ao elemento Terra e às características psicológicas dos indivíduos; orientados neste sentido são as dos signos Touro, Virgo e Capricórnio. Entre outras profissões, as pessoas representadas pelas cartas da corte de Ouros costumam ser comerciantes, homens de negócios, construtores, agricultores, agentes imobiliários, funcionários bancários ou financeiros.

Ás de Ouros

O Ás de Ouros

É a primeira carta do pau de Ouros e esse Ás representa o conforto material, o equilíbrio e a prosperidade. É o poder da solidez e da segurança material. Implica a energia necessária para alcançar sucesso em termos materiais. Prediz boa fortuna em assuntos econômicos. É o nascimento da bonança, o princípio de uma aventura benéfica ou de um negócio rentável. Evidencia as primeiras fases do bem-estar material. Ao surgir em uma leitura, geralmente marca o momento mais adequado para empreender um negócio ou mudança de trabalho muito favorável. Qualquer empresa que dê início, com o trabalho adequado obterá boas possibilidades de êxito. Essa carta ainda mostra contato com uma pessoa ou pessoas que no futuro abrirá ou abrirão as portas da bonança econômica.

Se a consulta é sobre questões sentimentais, a aparição do Ás de Ouros desvela um relacionamento seguro, com grande prazer e satisfação sexual. É uma carta muito favorável para todos os assuntos relacionados ao corpo, à saúde e à realidade física e tangível. Às vezes, aponta para um presente, sem que se refira necessariamente ao dinheiro, ou a qualquer objeto de valor tanto para aquele que dá quanto para aquele que recebe, especialmente, alianças de compromisso.

O Dois de Ouros

Ao aparecer um segundo elemento no reino do físico se produz um estado flutuante, que tende a se regularizar com equilíbrio entre as duas forças. Assim, a aparição do Dois de Ouros geralmente prevê mudanças de ordem econômica. Se a situação está boa, é conveniente ser prudente com as finanças. Se está ruim, não desanime, pois, com certeza melhorará.

O Dois de Ouros é semelhante à Roda da Fortuna, implica mudança. De qualquer forma, é sempre mudança para melhor e, às vezes, abrange outros campos distintos do econômico, dependendo do enfoque da consulta. Essa carta, igualmente, prevê o envolvimento em dois trabalhos ou em dois projetos distintos ao mesmo tempo, com o conseguinte esforço para manter o equilíbrio. Apresentação de equilíbrio dinâmico entre a família e o trabalho, embora a sensação de impotência para manter esse controle esteja presente. Lembre-se que até o malabarista mais experiente não consegue fazer malabarismos eternamente.

O Dois de Ouros, frequentemente, é um lembrete de que cedo ou tarde você terá de diminuir o ritmo, priorizar uma tarefa em detrimento de outra.

O Três de Ouros

O uso adequado dos próprios talentos é uma das principais ideias que geralmente contém o Três de Ouros. Essa carta, por sua vez, marca os primeiros resultados positivos de esforço e trabalho prévio. Possibilidade de obtenção de lucro em termos econômicos. Habilidade de realizar o trabalho bem feito e a satisfação de fazê-lo. Atenção e os detalhes. Avanço nas condições laborais. Aprendizagem de novas habilidades. Ajuda de outros. Melhorias no próprio domicílio e mesmo possível mudança de residência.

Em resumo, o Três de Ouros é uma carta que fala de desenvolvimento e evolução positiva no plano físico. Evolução essa que faz referência a assuntos econômicos, ao trabalho, aos estudos, à casa ou mesmo à própria saúde do corpo. Por vezes, implica melhoria no status social e reconhecimento por parte dos demais ao trabalho realizado.

O Quatro de Ouros

O Quatro de Ouros geralmente exibe uma situação em que a pessoa deseja, inicialmente, uma base econômica sólida e está disposta a sacrificar até mesmo seus ideais em favor desse objetivo.

Ao se referir a uma pessoa, põe em evidência que essa pessoa tende a ser egoísta, apegada fortemente aos seus bens materiais, por ter trabalhado muito para alcançá-los, mas o certo é que isso não tem garantido as satisfações que esperava. É o tipo de pessoa para a qual o dinheiro é a medida de todas as coisas. Não há dúvidas de que o dinheiro tem trazido certa estabilidade econômica, contudo, há um grande vazio na vida dessa pessoa: falta a emoção representada pelas Copas. Sua única paixão é o dinheiro, e a cobiça controla todos seus atos. A estabilidade e a solidez financeira implicam poder, por isso essa pessoa é capaz de influenciar seu entorno de acordo com sua vontade.

O Quatro de Ouros, do mesmo modo, mostra o fato de seguir com o trabalho que não gostamos, somente por medo das consequências de perdê-lo. Essa carta ainda denota rigidez e certa incapacidade de se adaptar a uma situação econômica nova.

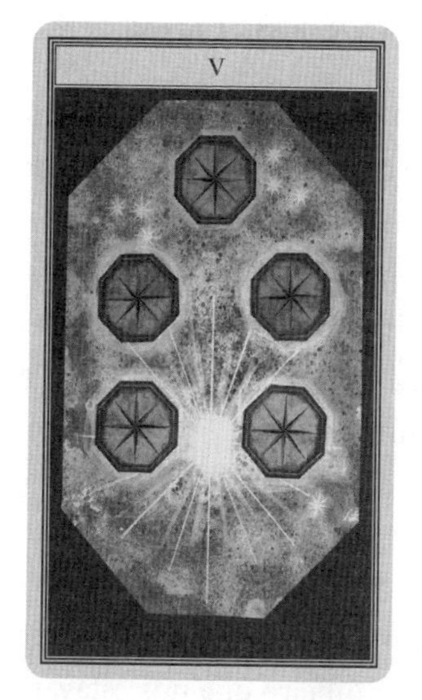

O Cinco de Ouros

Perdas, desilusão, desgraças, problemas, desemprego, dificuldades, carências, lamentações, depressão, insegurança, desmoralização, falta de esperança, falta de fé e sensação de abandono são alguns dos conceitos associados ao Cinco de Ouros. A pessoa se sente esquecida por todos em um momento de grandes apuros financeiros.

O Cinco de Ouros aconselha revisar as circunstâncias da própria vida. Há indícios de que não estejamos usando nossos talentos adequadamente. Pode ser que haja muitos gastos supérfluos que deveriam ser cortados visando à melhoria da situação.

Ao se referir a negócio, a consulta aponta para a abstenção de riscos, uma vez que há muitas possibilidades do negócio em vista resultar em perdas de dinheiro. Se há algum processo legal em curso, o resultado será igualmente uma perda econômica. E outro fator inconveniente que corrobora negativamente é que os problemas monetários impedem a pessoa de buscar assistência espiritual que, nesses momentos difíceis, trariam reconforto.

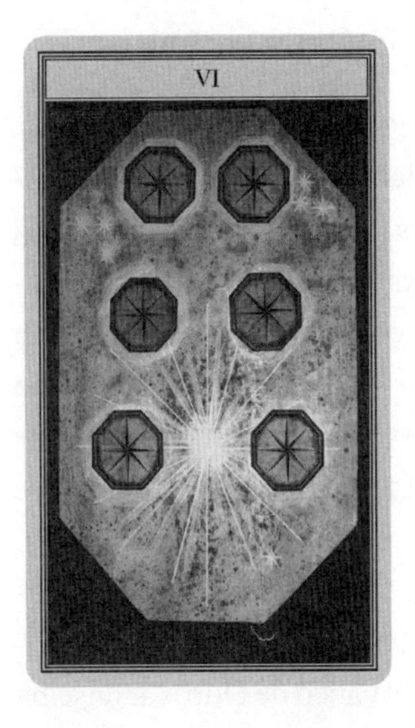

O Seis de Ouros

O Seis de Ouros normalmente demonstra a possibilidade de receber um presente, outrossim, o fato de ajudar os demais, de realizar uma obra de caridade, o pagamento de uma dívida, a devolução de um investimento, o fato de colocar nosso dinheiro, talentos e trabalho à disposição de uma causa justa, receber ou dar um prêmio. Ainda, a chegada de um dinheiro que nos estavam devendo, certo reconhecimento pelo trabalho desenvolvido, pagamento de dividendos, oportunidade em um negócio ou promoção.

Em síntese, boas notícias, normalmente no âmbito econômico, laboral ou social, mesmo que possa ser em outro sentido: um amigo que nos pede um empréstimo, alguém a quem ajudamos a encontrar trabalho ou a desenvolver suas capacidades.

O Seis de Ouros geralmente marca um momento apropriado para a generosidade, para a realização de bons investimentos e compartilhamento com os demais. Em geral, é uma carta que não apresenta tensões, mas complacência, bons momentos e a satisfação de conseguir ajudar ou de ser beneficiado. Em lugar de "Pedí e dar-se-vos-á", a frase que definiria essa carta seria "deem e receberão".

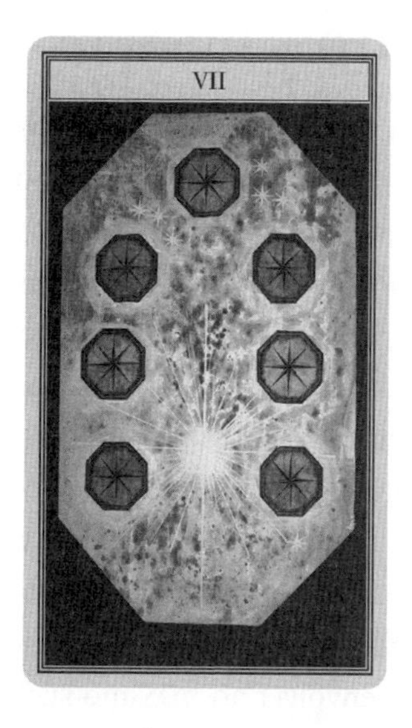

O Sete de Ouros

O Sete de Ouros frequentemente marca um momento conveniente para deixar que os assuntos em andamento sigam seu fluxo de forma natural. Toda fruta requer um tempo de amadurecimento. O agricultor não desenterra todos os dias a semente a fim de se assegurar de que está crescendo devidamente. Você deve estar tranquilo, pois seu trabalho dará todos os frutos que espera. É somente uma questão de tempo. Elimine a ideia de que tem perdido tempo e seu esforço não tem valido a pena, pois isso não é verdade.

Essa carta anuncia bom momento para reavaliar metas e considerar o que tem sido feito e o que ainda deve se fazer. E isso é válido para todos os campos: dos relacionamentos, estilo de vida, trabalho, sonhos e em relação à esperança. É importante nesse momento ser muito consciente da intuição, das coincidências e sincronicidades, e desses impulsos que chegam de modo irracional.

Em resumo, o Sete de Ouros geralmente fala de uma situação de crescimento, tranquila, estável e permanente, que deve ser aproveitada a fim de recapitular e consolidar uma posição.

O Oito de Ouros

A aparição do Oito de Ouros em uma tiragem indicia trabalho satisfatório e proveitoso. Implica o uso inteligente dos talentos e as capacidades profissionais com as quais conseguiremos não apenas exercer uma profissão que nos permita ter um salário, mas realizar uma atividade prazerosa. Oportunidade de aprender nova profissão, o que permitirá à pessoa desenvolver ao máximo suas capacidades. Todo o tempo e o esforço dedicados a esse novo trabalho será amplamente recompensado. Muitas vezes, a aparição dessa carta pode significar justamente isso: mudança muito favorável de trabalho.

O Oito de Ouros, do mesmo modo, aconselha empenho na capacitação dessa nova profissão: cursos, seminários, leituras e prática. Todavia, essa mudança de trabalho não trará retorno econômico em curto prazo. Outrossim, a tiragem faz referência à necessidade de atualização no campo das novas tecnologias.

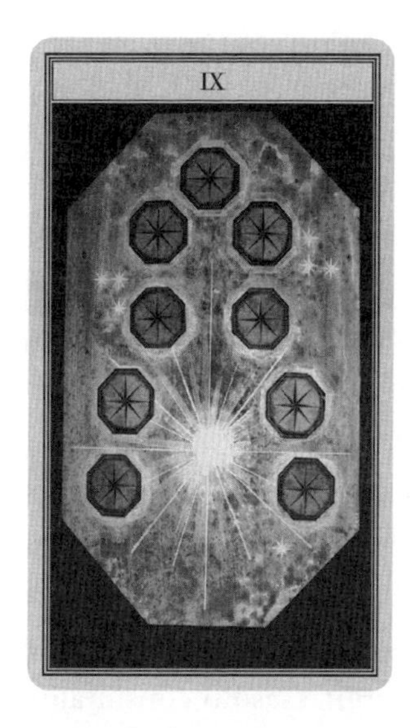

O Nove de Ouros

Esse arcano representa o desejo de segurança e estabilidade financeira e econômica e implica a promessa de conforto físico e benefícios materiais. Qualquer assunto relacionado com bens imóveis dará certo, independentemente de que seja um grande investimento como a compra de uma nova casa ou simplesmente a redecoração ou reforma da atual.

É uma carta sempre associada à certa segurança econômica e sinaliza que a pessoa é perfeitamente capaz de atender a seus assuntos. Talvez se dedique a uma profissão autônoma ou possua seu próprio negócio. De qualquer maneira, a pessoa faz isso bem e com sensatez. Pode desfrutar de todo o esforço e o trabalho que tem realizado até agora, não obstante, no fundo do seu coração subsista certo sentimento de vazio ou solidão. O dinheiro não compra tudo e, uma vez que a pessoa alcança determinada posição econômica, outras carências tornam-se visíveis. Por isso, essa carta aconselha a revisar e reavaliar como e com que passamos nosso tempo livre. A excessiva solidão não é boa.

O Dez de Ouros

O Dez de Ouros é uma carta muito positiva. Descreve segurança econômica. Investimentos produtivos. Heranças. Satisfação e segurança na família. Ademais, estabilidade e tranquilidade. O trabalho vai bem e possivelmente haverá um aumento de salário. Uma figura patriarcal – o pai, um amigo ou um familiar – que pensa em nos ajudar economicamente pode surgir. Caso o consultante planeje se casar, o Dez de Ouros é uma carta que mostra bons auspícios. Se está aguardando algum dinheiro procedente de uma pensão ou de algum tipo de poupança ou investimento, sem dúvida chegará em breve. Qualquer compra imobiliária ou negócio que a pessoa queira empreender será positivo e rentável.

Além das suas conotações econômicas positivas, esse arcano está muito relacionado à família e à vida familiar, por isso, igualmente prediz algum acontecimento familiar feliz, como nascimento ou matrimônio. Em alguns casos, a carta aponta matrimônio por conveniência, em que são considerados mais os interesses econômicos do que os sentimentais.

Princesa de Ouros

A Princesa de Ouros

Entre todos os personagens do Tarô das Estrelas, a princesa de Ouros é a estudante, a aluna. Representa o tipo de entusiasmo ou surpresa que experimentam as crianças perante qualquer nova atividade lúdica. Totalmente imersa nos seus estudos e fascinada por eles, para essa jovem não há grande distinção entre o trabalho e o jogo. Da mesma forma que o Louco, a Princesa de Ouros é a eterna noviça. Ajoelhada sobre a nebulosa, desfruta da luz de Sírio, que ilumina suas fantasias e sonhos. Para ela, a vida é um contínuo ritmo de iniciação, contudo, apesar da sua juventude é muito responsável e é capaz de administrar seus bens muito melhor que a maioria dos adultos.

Em uma tiragem, esse arcano com frequência revela que o idealismo prático, a economia equilibrada e a própria educação e instrução ocupam totalmente a vida da pessoa nesse momento. Seu grande entusiasmo tende a contagiar os demais fazendo que seu lugar de trabalho seja muito prazeroso, como se se tratasse de um jogo. Ao representar uma pessoa, geralmente é alguém muito jovem, uma adolescente que tem as qualidades evidentes.

- **Invertida:** Revelação de um jovem rebelde e problemático ou com problemas de aprendizagem. Ainda, gastos inesperados, más notícias ou preocupantes, mediocridade, falta de cuidado com o dinheiro ou com o trabalho. Tédio, rebeldia sem motivo, desperdício, egoísmo e inveja.

O Príncipe de Ouros

Príncipe de Ouros

Cavalgando seu corcel branco, o Príncipe de Ouros leva muito em alto o símbolo octogonal que representa o elemento terra e os valores econômicos, mas a luz de Sírio o ilumina, equilibrando o que poderia ser uma tendência excessiva pelo material.

Em uma tiragem, quando esse arcano se faz presente, é muito provável que a consulta tenha sido motivada por alguma questão de ordem econômica, relacionada ao trabalho, à propriedade da casa ou de outro imóvel ou a algum investimento ou negócio. É provável que a pessoa esteja em uma fase de prosperidade, que receba em breve um dinheiro inesperado, ou amigo ou pessoa muito próxima que a ajude ou possivelmente receba as rendas ou os benefícios de um investimento esquecido. Uma viagem positiva relacionada a negócios ou trabalho próprio.

Ao representar uma pessoa, o Príncipe de Ouros geralmente é um homem jovem ou de mediana idade, amável, sério, consciente, perseverante, de caráter simples, detalhista e cuidadoso no seu trabalho, amante da natureza e dos animais e muito fiel com suas amizades. Em síntese, alguém com quem se pode contar, confiar.

- **Invertida:** Instabilidade financeira, negócios que se atrasam, salário muito baixo, falta de inspiração, tédio, depressão, falta de planejamento e de progresso. Pessoa irresponsável, dedicada a negócios desonestos ou que vive do trabalho dos outros.

Rainha de Ouros

A Rainha de Ouros

A Rainha de Ouros é similar à Imperatriz, mesmo que seja de menor alcance. A Imperatriz cria a vida, a Rainha de Ouros a mantém. Contudo, ambas possuem os mesmos aspectos protetores próprios da maternidade. Ela reina sobre a casa e os assuntos domésticos com a mesma eficiência com a que administra seu negócio. É uma pessoa totalmente prática e muito organizada, com certa paixão pelo trabalho criativo ou pelas artes - uma dançarina, atriz, escritora ou executiva.

Sua aparição em uma tiragem, à parte de representar uma pessoa com essas características, denota sucesso econômico ou nos negócios. Novo enfoque recém-incorporado fará que os assuntos se desenvolvam mais satisfatoriamente. Em geral, é uma carta que denota abundância material e satisfação sensual ou mesmo artística. Sucesso e progresso tanto nos assuntos familiares quanto financeiros.

- **Invertida:** Irresponsabilidade, falta de sentido comum, vacilações, gula, problemas de dinheiro, preguiça, medo do fracasso ou má administração dos próprios bens. Uma mulher avarenta e pretenciosa, mais preocupada com as aparências que, possivelmente, cause problemas, é uma das revelações que essa carta traz.

O Rei de Ouros

Rei de Ouros

A aparição do Rei de Ouros designa que é o momento de atender ao próprio negócio ou aos assuntos pessoais de ordem financeira. A segurança econômica presente e futura deve ser uma prioridade nesse momento. As forças da Natureza trabalham a nosso favor. Boas oportunidades para compras ou negócios de tipo imobiliário. Os resultados de todo o trabalho realizado até agora irão se consolidar.

Ao representar um ser humano concreto, o Rei de Ouros é uma pessoa organizada, hábil com os números, ambiciosa, usualmente casado e pai de família, bom administrador e generoso (empresário, consultor em assuntos econômicos ou fiscais, proprietário de imóveis ou de uma agência imobiliária, banqueiro ou investidor), mas sempre acostumado a trabalhar muito para alcançar seus objetivos. Outrossim, é alguém que cuida generosamente das pessoas que, de alguma forma, estão sob sua proteção. É honesto e amigo de seus amigos.

- **Invertida:** Implica materialismo, preocupação excessiva pelo dinheiro, mesquinhez, superficialidade, cobiça, fraude, insensibilidade perante a necessidade ou os problemas dos demais e, sobretudo, o fato de priorizar os assuntos relacionados a dinheiro. Ao se referir a um indivíduo, esse frequentemente apresenta características de ditador, alguém decidido a fazer qualquer coisa por dinheiro, desonesto, avaro e materialista.

AS ESPADAS

O elemento Ar representa a inteligência e no Tarô se corresponde com as Espadas. A mente deve ser afiada, da mesma forma que uma espada, que é uma arma de duplo fio. De fato, muitas das cartas do pau das Espadas remetem a problemas, tensões, conflitos ou situações preocupantes e dolorosas. Ao considerarmos que a mente é tudo e nos esquecermos de outros aspectos do ser humano, surgirão os problemas que nos levarão a uma cratera cada vez mais profunda.

Os signos astrológicos correspondentes ao elemento Ar são Gêmeos, Libra e Aquário. As profissões dos personagens representados pelas cartas do pau das Espadas costumam ser jornalistas, comunicadores, juízes, militares, agentes de polícia ou judiciários, advogados, científicos e, especialmente, intelectuais, ou seja, pessoas que têm um trabalho essencialmente mental.

O Ás de Espadas

Ás de Espadas

O Ás de Espadas mostra que existe grande força à nossa disposição, mas é uma força do elemento ar, isto é, intelectual. Uma grande energia mental. Ideias novas e boas no momento adequado. Esse arcano aparece quando do início de alguma atividade de tipo intelectual. Contudo, uma vez que as espadas estão muitas vezes relacionadas a conflitos e tensões, pode ser que a aventura ou empresa que agora se inicia surja de uma situação tensa ou conflitiva, não obstante, a pessoa possua a disciplina e a decisão necessária para vencer.

Às vezes, o Ás de Espadas revela que será necessário recorrer à justiça para vencer um conflito presente.

Nos casos em que a consulta esteja centrada no tema da saúde, a aparição do Ás de Espadas indicia certo tratamento ou operação cirúrgica. De qualquer forma, mesmo que a situação seja conflitiva, o Ás de Espadas sugere que você possui os recursos apropriados para vencer todos os obstáculos e triunfar, encontrar a verdade ou recuperar a saúde, dependendo do caso.

- **Invertida:** Ameaças, sarcasmo, abuso dos demais, obstáculos, pensamento confuso ou rígido, falta de planejamento, situações de exploração, injustiça, problemas com as autoridades. É possível que a pessoa esteja enredada em situação de exploração, com risco de investir mais força além da necessária para alcançar os próprios objetivos.

Em uma leitura sobre saúde, essa carta invertida desvela cortes acidentais com objetos afiados, problemas com injeções ou complicações com alguma operação cirúrgica.

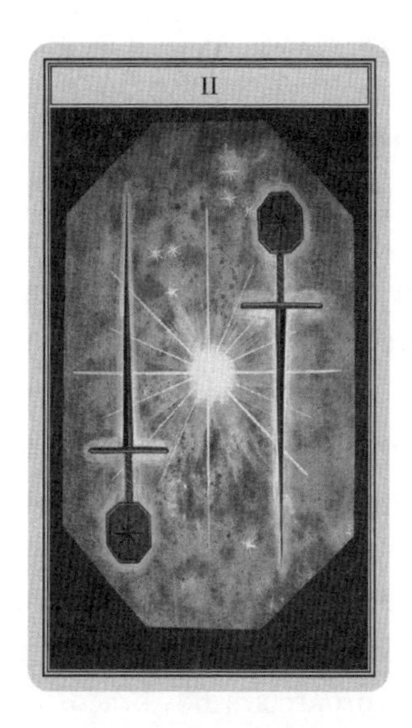

O Dois de Espadas

O Dois de Espadas apresenta a pessoa em um profundo dilema, sem saber qual caminho tomar – seguir os ditados da sua cabeça ou se render aos impulsos do seu coração. Está imobilizada, indecisa. Adota uma postura passiva à espera de novos acontecimentos, mas essa situação não se prolonga eternamente. Cedo ou tarde você deverá tomar uma decisão, uma vez que os problemas nunca desaparecem simplesmente ao serem ignorados. É necessário afrontar a realidade. Muitas vezes esse arcano diz que não queremos aceitar alguma verdade sobre nós mesmos ou referente à situação presente. O que você está sentindo realmente? Você está se negando a aceitar seus sentimentos por medo ao sofrimento que isso pode lhe provocar? O que é que você não está conseguindo enxergar? Quando o Dois de Espadas faz menção a uma pessoa, trata-se de alguém indeciso ou que esteja se negando a reconhecer e a aceitar certas emoções consideradas importantes.

O Três de Espadas

Dor de coração, sofrimento emocional, frustração, desencanto, recebimento de notícias inquietantes, sentimentos feridos, sentimento de solidão ou abandono e descoberta de uma verdade que resulta muito dolorosa são algumas das circunstâncias descritas pelo Três de Espadas. Exemplos de situações de estresse e sofrimento são: encontrar seu parceiro/parceira nos braços de outra pessoa ao abrir a porta, escutar o seu melhor amigo rir de você pelas costas ou descobrir que seu sócio há muito esteja lhe roubando. Perante tais fatos, o mundo parece desabar sobre sua cabeça. A pessoa permanece desorientada e incrédula diante das evidências dolorosas e inesperadas.

Esse arcano sempre revela um revés na fortuna ou em algum aspecto importante da vida da pessoa. É um aviso, um sinal para estarmos alertas quanto a fazermos algo em nossas vidas do qual ainda não temos consciência. Examinemos a situação cuidadosamente. Falemos com as pessoas possivelmente envolvidas e, sobretudo, escutemos a voz da intuição. Há indícios de que sejamos nós a provocarmos o dano. Todos somos capazes de atuar com crueldade e todos cometemos erros. Nesse caso, é importante perdoar os demais e nos perdoar e, acima de tudo, ter cautela com nossos atos e palavras.

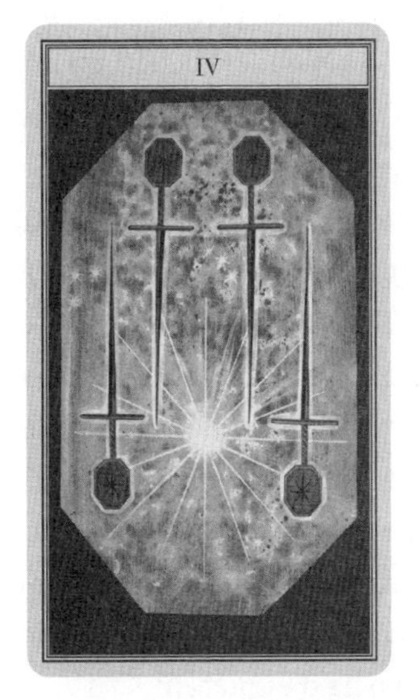

O Quatro de Espadas

Em geral, as Espadas representam problemas, tensões e dificuldades, não obstante, o número quatro nos sugira sensação de paz e tranquilidade. Assim, o Quatro de Espadas nos diz que, no momento atual, o que temos a fazer é permanecer tranquilos e em paz. Nem sempre será fácil, mas este é o conselho dessa carta.

Por vezes, a atividade torna-se um hábito muito difícil de ser vencido, e ainda mais nos momentos de tensão. Em certas ocasiões, esse arcano aponta para a necessidade de reduzir nossas atividades por um tempo e descansar. Se a pessoa estiver se recuperando de uma doença, deverá se conceder o tempo de repouso adequado. Mesmo que, aparentemente, a pessoa tenha boa saúde, existe o perigo de adoecer, se não fizer o repouso necessário.

Outras vezes, essa carta demonstra a necessidade de parar e tratar de ver as coisas em perspectiva, especialmente, perante sucessos importantes ou situações difíceis. Nesses casos, é importante ter visão clara, reunir e recuperar as próprias forças antes de passar à ação.

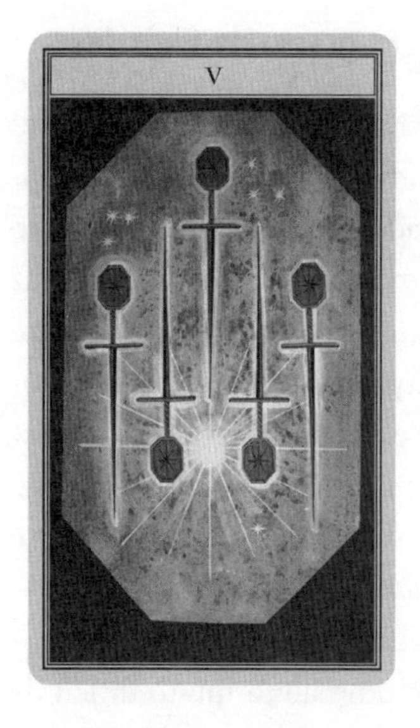

O Cinco de Espadas

O Cinco de Espadas é uma carta relacionada ao interesse nos próprios assuntos. Tenho o que comer e vestir? Estou bem? Sou feliz? Tenho liberdade de estender essas preocupações até as pessoas que amo? Mas onde está o limite? De fato, nosso verdadeiro ser é o mundo, a totalidade da raça humana. Todavia, muitos não sabem disso e os que sabem com frequência o esquecem.

Em uma leitura, o Cinco de Espadas geralmente significa o esquecimento desse aspecto total do nosso ser, uma vez que estamos levando em conta e defendendo nossos interesses de uma maneira muito limitada. Se insistimos em nos considerar isolados dos demais, nossos atos, cedo ou tarde, se tornarão contra de nós.

Não obstante, essa carta diz da necessidade de priorizar nossos interesses pessoais. Isso pode acontecer em casos em que alguém esteja tirando vantagens sobre nós, então, temos de pôr fim a tal situação, reclamando os direitos que nos pertencem. Mas, nesse processo recomenda-se ter cuidado em não ferir a outros, pois em caso contrário, a vitória nunca será completa. Em geral, e dito de uma forma muito ampla, o Cinco de Espadas quase sempre indicia certa confrontação, que gera dor e sofrimento para ambas as partes.

O Seis de Espadas

Com o Seis de Espadas sabemos que a pessoa deixou para trás uma época de problemas, dificuldades e ansiedades e está entrando em uma fase mais tranquila durante a qual vai recuperar sua paz mental. Algo vai acontecer para ajudar a pessoa a aliviar as tensões e fará com que a harmonia volte para a sua vida. Muito provavelmente seja uma viagem, uma vez que essa carta está, frequentemente, relacionada com viagens. Eventualmente, a pessoa comece uma viagem ou receba na sua casa alguém que chega de outros lugares. De qualquer forma, é o momento de analisar as dificuldades que tem atravessado e de assimilar os ensinamentos que possa tirar delas.

Geralmente, essa carta exibe processo de recuperação, necessário depois de toda crise importante. Resumindo, não é um arcano que prometa grandes alegrias, mas tampouco vai fazer com que a dor ou o desespero acabem. A carta expõe que a situação presente não é a ideal, mas que você caminha para uma fase muito mais positiva. No ambiente se sente a mudança. Em breve, vão chegar à sua vida novas e melhores circunstâncias.

O Sete de Espadas

Os conceitos associados ao Sete de Espadas são fugir da própria responsabilidade, evitar as obrigações, fechar os olhos perante a verdade, deixar para amanhã o deve ser feito hoje, se sentir um "lobo solitário" que não precisa de mais ninguém, manter os outros à certa distância, pensar que é melhor estar sozinho do que em companhia de alguém. Em alguns casos, essa carta igualmente descreve enganos (ter duas caras ou ocultar um segredo considerado vergonhoso). De certa forma, tem muito a ver com o Cinco de Espadas, uma vez que ambas apresentam isolamento dos demais.

O Sete nos avisa dos perigos de adotar essa atitude. Ninguém é uma ilha. Todos precisamos dos demais e os demais precisam de nós. A figura do "lobo solitário" que descobre, pesquisa e resolve tudo sozinho, mesmo saindo sempre vencedor, pertence ao mundo da ficção e dos filmes. Na vida real, as coisas acontecem de outra forma.

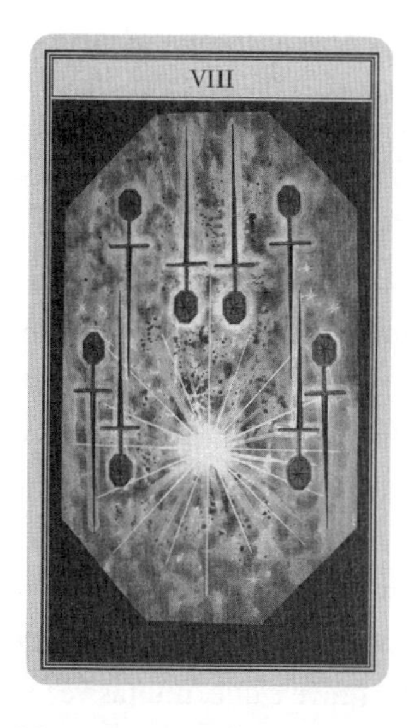

O Oito de Espadas

A pessoa está se negando a viver plenamente a vida. Se protege do entorno com seus medos e suas inibições, vendo tudo como se fosse um inimigo. Se sente como se estivesse fechada em um cárcere mental e é incapaz de encontrar uma saída. Todos os possíveis caminhos para sair dessa situação parecem bloqueados, mas as limitações e os problemas na realidade não estão no exterior. Não são mais do que projeções de sua própria apreensão e de sua ansiedade. Paralisada pelo medo, a pessoa sente-se incapaz de romper as cadeias que a oprimem.

Os conceitos associados com essa carta são: frustração, bloqueio, opressão, isolamento, restrições, medo ao desconhecido, falta de liberdade e de opções entre as quais escolher e, sobretudo, um fervente desejo de sair da situação presente, mas sem contar com os recursos necessários para fazer isso. É uma situação difícil em que a pessoa não confia mais em suas próprias forças. É a típica circunstância de quem está preso em um vício do qual não consegue se libertar. Sem dúvida, o melhor conselho a ser dado é que a pessoa procure alguém que respeite pela experiência ou sabedoria e peça ajuda.

O Nove de Espadas

Contrariamente ao Três de Espadas, que geralmente representa dor que vem de fora ou que nos tortura, no Nove de Espadas são nossos medos, nossas ansiedades e, sobretudo, o sentimento de culpabilidade. Ao realizarmos conscientemente algo ruim ou deixarmos de fazer algo que deveria ser feito, a preocupação que isso nos provoca é algo muito real. O mais grave é que, muitas vezes, fazemos muito pouco para aliviar essa angústia. Não obstante – sendo sempre uma carta desagradável –, com frequência o Nove de Espadas não revela grandes desgraças, mas simplesmente evidencia algum assunto que, ainda sendo pequeno ou pouco importante, é motivo de inquietude, de preocupação ou de ansiedade. Por vezes, pode ser um alerta de cautela para a pessoa. Um aviso indicador de que no caminho sempre surgem dificuldades. É importante analisar a situação com o cuidado para evitar cometer erros. Ademais, um pequeno ato pode trazer grandes consequências.

O Dez de Espadas

O Dez de Espadas desvela que a pessoa finalmente despertou em relação à sua desgraça ou à situação angustiosa na qual se encontrava. Ruína, falência, ruptura nos relacionamentos, separação, dor, pensamentos negativos, infelicidade, depressão ou perda irreparável são alguns dos conceitos associados a essa carta. Os planos que tínhamos não estão funcionando; chegamos ao limite de nossas possibilidades. A situação chegou a um final irrevogável. E esse final está sempre acompanhado de uma sensação de perda e de tristeza. A pessoa apresenta fortes indícios de depressão grave devido à perda sofrida, que pode estar relacionada ao trabalho ou à profissão, à doença grave e incurável de um ente querido, separação, divórcio ou problemas sérios de tipo legal. A batalha está perdida e praticamente nada pode ser feito. Mais é bom lembrar que um pouco antes do amanhecer, a noite é mais escura.

Assim, o Dez de Espadas pode nos dar, do mesmo modo, repentina e inesperada clareza quanto à percepção do que aconteceu, propiciando súbita ampliação de nossa consciência, fazendo com que vejamos, com certo desapego, que as esperanças e as crenças que tínhamos eram totalmente infundadas.

A Princesa de Espadas

Princesa de Espadas

Ajoelhada sobre sua galáxia e iluminada pela luz de Sírio, a Princesa de Espadas é uma mensageira que traz um desafio que deveremos enfrentar. Ela diz que uma oportunidade de crescimento interior vai cruzar o nosso caminho, mas como costuma acontecer, na forma de algum problema que deveremos enfrentar e resolver. Felizmente, a Princesa traz um bom recurso e, portanto, se fizermos o necessário da nossa parte, sairemos vitoriosos. No combate possamos usar os dons representados pela espada que nos está entregando: inteligência, raciocínio, honestidade e fortaleza, entretanto, às vezes, é mais prudente que tais atributos fiquem em segundo plano visando à aprendizagem, à descoberta da grande atividade mental.

Outrossim, a Princesa de Espadas pode remeter a uma pessoa jovem, inclinada à atividade mental e de comportamento ético que pode se ver envolvida em algum problema ou que nos vai causar preocupação ou angústia por algum motivo.

- **Invertida:** Malícia, hipocrisia, ataques verbais, suspeitas, fofocas, chantagem. É possível que alguém esteja utilizando métodos pouco éticos para obter informação ou para difundi-la. Há riscos de que uma pessoa maliciosa esteja nos vigiando ou tratando de nos prejudicar de alguma forma. Problemas inesperados, ou alguém não cumpra uma promessa que nos fez. É importante ler bem as cláusulas de qualquer contrato ou documento antes de assiná-lo.

Príncipe de Espadas

O Príncipe de Espadas

Situação inesperada, conflito de tipo intelectual, ambição, confiança, liderança, novas ideias, ação decisiva, capacidade analítica para resolver os problemas e uso adequado da força são alguns dos conceitos que podem invocar o Príncipe de Espadas.

Ao representar uma pessoa, é alguém que atua sem emoções. Não é que não tenha emoções, mas não lhes dá muita importância nem valor. O coração é a sede da compaixão, mas também do medo, e o Príncipe de Espadas não conhece o medo e jamais pensa na derrota. Se acha invencível e, mesmo que isso possa ser negativo, garante a ele a vitória em situações em que outras pessoas fracassariam. Por não duvidar de si mesmo nem da sua capacidade, é a pessoa perfeita para pôr em prática novas ideias quando outros não conseguiriam ou se atreveriam a fazê-lo. No momento de tomar uma decisão difícil, a imparcialidade do Príncipe de Espadas é muito desejável. Sua decisão, sua clareza mental e, sobretudo, sua negação a aceitar o medo, fazem dele uma sólida ajuda para se sair vitorioso de qualquer situação difícil.

- **Invertida:** Palavras duras, comportamento cruel, fanfarronice, injustiça, mal juízo. Não é um bom momento para iniciar nova empresa ou projeto, pois é possível que alguém se oponha muito ativamente aos seus planos.

A Rainha de Espadas

Rainha de Espadas

A personalidade da Rainha de Espadas combina a energia positiva do Ar das Espadas com o enfoque usualmente dirigido ao interior de uma Rainha. É alguém com quem podemos sempre contar para que nos diga as coisas "tal como elas são". Para ela, o mais importante é a sinceridade e vive de acordo com esse princípio. As mentiras e as meias verdades não lhe interessam, e não pode ser enganada facilmente. É alguém experimentada, conhece o mundo e sabe o que quer, por isso costuma distinguir com facilidade o bom do ruim. Compreende a loucura dos seres humanos, mas não a condena. Suas observações, mesmo sinceras e diretas, geralmente são cândidas e, por isso, não ferem. Tem um notável senso de humor e gosta de rir, pois entende que a vida não deve ser levada muito a sério.

Em uma tiragem, a representação de mulher ou homem com essas caraterísticas. Ademais, indicação de que devemos incorporar tais qualidades em nossas vidas. Você está sendo suficientemente sincero? Consegue ver o lado humorístico de qualquer situação? Você se preocupa por descobrir realmente o que está acontecendo ao seu redor? Você se deixa enganar com facilidade?

- **Invertida:** Mal uso da palavra e das faculdades intelectuais. Traição, vingança, ressentimento, chantagem emocional, falta de escrúpulos, mesquinhez. Dar importância excessiva à mente. Frieza. Na mesma linha de representação – uma mulher possuidora de algumas dessas qualidades, dominante e vingativa, que gosta de desacreditar os demais.

O Rei de Espadas

Rei de Espadas

Na personalidade do Rei de Espadas encontramos a energia positiva do elemento Ar junto com o enfoque extrovertido e direto de um Rei. Assim, trata-se de um homem de mente muito desenvolvida, em perfeita conexão com o mundo. É um mestre da razão e da lógica e para ele é fácil analisar qualquer problema com exatidão. Em uma situação caótica, rapidamente apresenta a solução. Em outras ocasiões, pessoas o procuram para que defenda suas causas devido à sua grande eloquência e à confiança que inspira, pois trata qualquer situação com justiça e honorabilidade. É um juiz justo, imparcial e incorruptível. Seu nível moral é dos mais elevados e anima a todos os que o circundam e que atuam como ele.

Em uma leitura, não se trata de uma pessoa física que tem as qualidades mencionadas; o Rei de Espadas é um convite a que incorporemos em nossa vida, e no nosso presente, essas qualidades: a justiça, a clareza de juízo e a comunicação sincera e direta.

- **Invertida:** Exploração, decisões injustas, prejuízos, sarcasmo, egoísmo, suspeitas, acusações, fraqueza de juízo. É possível que a pessoa sofra alguma injustiça ou seja ludibriada por meio de métodos rudes e sarcásticos.

OS PAUS

Os paus simbolizam o elemento Fogo: energia, criatividade, crescimento, glória, empresa, inspiração e espírito. Esses fenômenos geram energia construtiva, tanto para fins práticos quanto espirituais. Sua ardente energia agrega paixão a qualquer situação dada, gerando assim novas criações, novas ideias, o que produz certa aceleração no desenvolvimento dos sucessos. Embora os Paus não tenham relação direta com as emoções de amor e ódio, geram certa competência nesse sentido. Tansformação, renovação e desenvolvimento espiritual, do mesmo modo, fazem parte dessa simbologia.

O Ás de Paus

Ás de Paus

O Ás de Paus simboliza as possibilidades na área da criatividade, da aventura, das novas empresas, do ânimo e do poder pessoal. Aponta que em sua vida foi semeada a semente do entusiasmo, mesmo que você não a reconheça. Quando essa semente germinar tomará formas muito diversas – uma ideia criativa, um momento de otimismo ou uma necessidade de atuar em algum assunto concreto.

A energia do Ás de Paus é poderosa e criativa e gera confiança. Em uma tiragem essa carta ainda indicia que é o momento de atuar com coragem e decisão. Às vezes, é necessário arriscar algo para conseguir aquilo que se quer. É o momento de tomar a iniciativa e de seguir o caminho que nos marque nosso próprio entusiasmo.

Os paus são o pau do poder individual e dos sucessos. A aparição do Ás diz que começou uma época promissora e de muito entusiasmo, em que será capaz de alcançar suas metas mais elevadas. É a carta da criatividade e, sob sua influência, você tem condições de se tornar um canal de inspiração. Esqueça as velhas soluções. Agora você tem a possibilidade de ser realmente original. Prove seu potencial criativo e conseguirá tudo aquilo que deseje.

- **Invertida:** Promessas não cumpridas, demoras, atrasos, dificuldades, problemas para começar alguma atividade, planos cancelados, energias desperdiçadas. Uma possibilidade que parecia muito interessante, finalmente e após muitos atrasos e dificuldades não consegue se materializar. Isso provoca frustração, desânimo e sensação de impotência e incapacidade.

O dois de Paus

O Dois de Paus refere-se ao ânimo e à coragem do indivíduo e à grandeza que ele é capaz de alcançar. Sua energia é do mesmo tipo que a do Mago, mas com uma importante diferença: a energia, a criatividade e o poder do Mago são impessoais. O Dois de Paus contém essa mesma energia, mas em um nível terrestre e pessoal. Qualquer pessoa com essa energia e essa força atrai os demais feito um ímã.

Em uma leitura, o Dois de Paus desvela que o importante agora é a força. É o momento de examinar cuidadosamente nossas metas e atividades a fim de assegurar de que estamos usando essa força e essa energia com sabedoria. Não é preciso buscar o poder por si mesmo, mas sim utilizá-lo para uma causa útil e justa.

Esse arcano, ocasionalmente, aponta para uma dose extraordinária de novas ideias. É o momento de esquecer os velhos objetivos e as excessivas sutilezas e realizar essa jogada decisiva, arriscada e criativa. Ao aplicarmos toda a força que temos à nossa disposição os resultados serão surpreendentes.

O Três de Paus

Os negócios estão em plena atividade e prosperando. Se completou a primeira fase do plano inicial, ainda há muitas coisas que devem ser feitas. Nesse momento é importante contar com a cooperação dos demais e com o trabalho em equipe. A pessoa tem uma sensação de ter alcançado o sucesso, mas ao mesmo tempo existem outros desafios a ser enfrentados.

O três de Paus evidencia essa situação de crescimento na empresa, no trabalho ou em uma atividade determinada. Abertura para abundantes oportunidades (novos clientes, novos projetos) e o trabalho e o entusiasmo estão em elevado nível.

Se o desejo é pelo desenvolvimento contínuo, neste ponto mostrado pelo Três de Paus, é muito importante o reconhecimento do sucesso alcançado, do mesmo modo a colaboração com os demais. É possível que alguém nos ofereça ajuda ou informação muito relevante. Em muitas ocasiões, esse arcano ainda apresenta negócios com países estrangeiros, importações ou exportações.

O Quatro de Paus

O Quatro de Paus é uma carta positiva e feliz. Mostra que é o momento adequado para ter descanso e desfrutar de tudo o que se conseguiu com trabalho e esforço – consolidação da empresa em nível mais importante – um motivo de celebração para todos os envolvidos. Em nível pessoal, bom momento para se pensar na comprar de uma casa ou para fixar as raízes de alguma forma. O trabalho criativo está bem. Permita-se desfrutar de férias antes de começar nova fase.

Nessa carta, evidencia-se ainda uma festa, uma celebração ou uma cerimônia realizada para comemorar a passagem de uma fase para outra, seja no trabalho ou na própria vida da pessoa, talvez por isso seja uma das cartas que tradicionalmente está associada ao matrimônio.

A natureza do fogo é se mover constantemente até novos territórios, não obstante, com o Quatro de Paus essa urgência criativa parece ter se acalmado. Aqui, igualmente, vale um alerta, pois quando existe sucesso, o risco de estagnação é grande, então, o impulso para seguir em frente vem da extração da energia gerada na celebração que anima o trabalho e a vontade de continuar a crescer.

O Cinco de Paus

O Cinco de Paus desvela os momentos ou dias em que o universo inteiro parece estar conspirando contra nós. Aqueles dias em que nos levantamos pela manhã e batemos o dedão do pé contra o pé da cama. Tomamos banho e descobrimos que não há uma toalha. No café da manhã, jogamos o café sobre a camisa e quando finalmente vamos para o trabalho – e atrasados – o carro não liga. São pequenos contratempos, mas nem por isso menos irritantes e capazes de estragar nosso dia.

A aparição do Cinco de Paus em uma tiragem mostra que, para alcançar o que queremos, precisaremos de uma dose extra de paciência e perseverança. Essa carta jamais revela problemas nem bloqueios importantes, mas sim pequenos contratempos que provocam irritação.

Em outras ocasiões, o Cinco de Paus ainda significa competência – a participação em algum tipo de competição desportiva ou profissional. A competitividade é positiva no sentido de nos esforçar mais para alcançar o melhor do que somos capazes, mas, ao mesmo tempo, tem importante carga negativa: implica rivalidade e, com frequência, gera complexos, tanto de superioridade quanto de inferioridade. Ninguém é melhor nem pior do que ninguém, somos exatamente iguais uns aos outros.

O Seis de Paus

Para muitos o Seis de Paus é a carta que, nos Arcanos Menores, corresponde à Carruagem. Ambas representam momentos de triunfo e de vitória. Algumas vezes na vida, tudo o que desejamos é ganhar: ser o número um. Com frequência, reconhecemos esses momentos nos desportistas e nos políticos.

Em uma leitura, o Seis de Paus fala de sucesso e reconhecimento, após muito trabalho e esforço. A pessoa vai receber as distinções e os prêmios que merece. Em certas ocasiões, é possível que a vitória pareça não estar tão perto, mas não duvide de que está do seu lado se você fizer tudo que estiver em suas mãos para obtê-la. O Seis de Paus nem sempre significa vencer o oponente, mas sim alcançar a vitória sobre si mesmo, o entorno, ou mesmo sobre as circunstâncias.

Por vezes, essa carta ainda representa autoestima sadia, pois o fato de se sentir bem diante das próprias conquistas é uma parte importante do sucesso. Contudo, é preciso cautela em relação ao orgulho e à arrogância excessivos.

Em uma aparição, o Seis de Paus fala da importância de se cultuar a simplicidade, a humildade perante si e os demais. De fato, as conquistas individuais, em raras ocasiões, são realmente individuais.

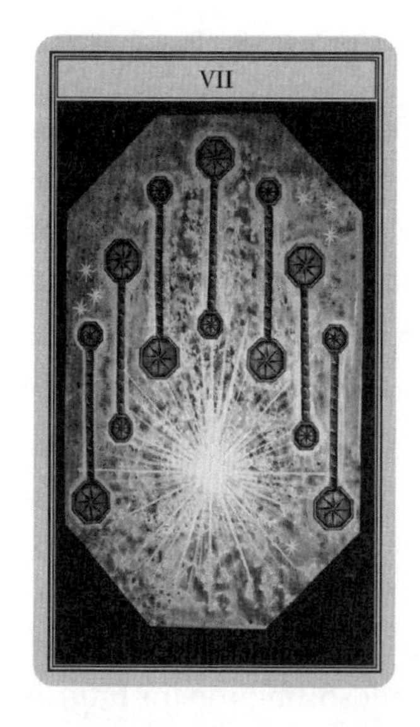

O Sete de Paus

A interpretação geral desse arcano volta-se para a importância de uma postura firme perante a oposição. Implica firmeza, solidez, coragem, fortaleza frente às adversidades e confiança em si mesmo.

O Sete de Paus revela, ao mesmo tempo, uma situação de conflito e de vantagem. Apesar disso, toda confrontação gera sempre tensão e será necessário atuar com decisão e com força para sair vitorioso dessa prova. É possível que esse conflito tenha sido causado por uma vitória ou um evento anterior. Em outra oportunidade, evidencia pessoa de convicções fortes, firmeza de caráter e solidez de ideias.

Resumindo: Muita pressão no trabalho, ou em outros aspectos da vida. Tente se libertar das tensões e verá as coisas com mais clareza. Seu caráter é forte, você pode vencer qualquer adversário. Evite a indecisão.

O Oito de Paus

Geralmente, o Oito de Paus refere-se a uma repentina liberação de energia na forma de uma decisão ou de uma ação rápida. Essa explosão de força limpa toda confusão e negatividade, abrindo as linhas da comunicação e colocando a vida em movimento. É como um forte vento, um furacão que elimina qualquer obstáculo que atrapalhe seu caminho, deixando-o limpo para futuros avanços. Entretanto, é preciso ter cuidado com o excesso de ímpeto. A ação pode ser rápida, mas nem por isso insensata ou irrefletida. Se, até agora, havia obstáculos no nosso caminho, a aparição do Oito de Paus diz que temos condições de nos liberar facilmente deles, mediante a nova energia da qual dispomos, ou através da nossa capacidade de comunicação, agora potenciadas.

Essa carta, do mesmo modo, fala do surgimento de um romance ou de nova amizade, mas, nesse caso, o perigo está em não considerar os gostos ou preferências da outra pessoa. É importante que ambos estejam bem.

O Oito de Paus ainda desvela qualquer mudança ou transformação súbita e rápida, que pode igualmente ser de ordem espiritual. A conquista da sua meta está ao seu alcance. Novas ideias serão fonte de benefícios para você. Possível viagem de trabalho e necessidade de equilibrar o orçamento.

O Nove de Paus

O Nove de Paus traz a indicação de que devemos agir com cuidado e nos manter vigiantes, pois existe a possibilidade de que apareça um problema ou um contratempo. Possivelmente, você tenha passado recentemente por momentos difíceis e tenha sofrido com as consequências. Felizmente, agora você está numa posição de força. Não se deixe levar pelas aparências. Se você colocar toda a coragem naquilo que faz, terá todas as chances de ganhar e, sem dúvida a vitória será sua. Eventualmente, as experiências passadas tenham magoado você, mas ao mesmo tempo, por meio dessas experiências você saiu transformado e fortalecido.

O conselho do Nove de Paus é que você lute e trabalhe com todas as suas forças. Não permita que o desânimo nem as circunstâncias ofuscem sua força interior. Se mantiver o espírito íntegro, nada nem ninguém deterão o seu sucesso. No seu interior há uma reserva de força e de impulso que você nem sequer imagina.

O dez de Paus

O significado do Dez de Paus é o oposto do Ás. Tudo o que lá era energia fogosa, disposta a empreender qualquer nova aventura ou projeto, aqui é esgotamento ou quase desânimo perante o peso da carga que estamos suportando. A força e a criatividade representada pelas cartas anteriores saíram do controle. A pessoa, cedendo ao seu impulso fogoso, foi acumulando nas suas costas muitas responsabilidades e assumiu muitos compromissos e empresas, e agora não consegue dar conta de tudo.

A aparição do Dez de Paus, por sua vez, revelar que estamos nos esforçando demais. Recomenda-se aliviar a carga pela nossa própria saúde e bem-estar. Ainda que seja verdade que conferimos muita atenção às responsabilidades, chegou o momento, pelo nosso próprio bem, de nos liberar de algumas delas, estabelecendo quais realmente prioritárias, seguindo não os nossos gostos, mas sim o nosso dever. Ademais, o momento de pedir ajuda talvez tenha chegado.

Na área emocional, o Dez de Paus nos diz que a pessoa está carregando nas costas todo o peso do relacionamento. Independentemente dos problemas o dos conflitos, é sempre ela quem nos deve tranquilizar. Se esforça por manter em pé o relacionamento enquanto seu parceiro, provavelmente, nem sequer esteja consciente desses esforços.

A Princesa de Paus

Princesa de Paus

Ajoelhada sobre um leito de estrelas e iluminada pela luz de Sírio, a Princesa tem na sua mão o símbolo de Paus como se fosse uma varinha mágica que anuncia oportunidades de paixão, possibilidades de experimentar a criatividade, a coragem, o encanto e a inspiração, que constituem a maravilha dos paus.

Sua aparição em uma leitura remete a algo emocionante e estimulador de nossos talentos e nos ajudará a realizar coisas importantes. Nossa vida vai ser inundada de repente por uma onda de emoção e aventura. Não devemos desperdiçar essa oportunidade.

A Princesa, igualmente, apresenta um jovem ou, então, uma jovem ou adolescente que tem uma relação conosco que implica independência, muita energia e entusiasmo, um mensageiro que nos traz notícias excitantes, ou alguém de coração alegre, que contagia todos com sua alegria e seu entusiasmo e, em geral, uma pessoa entusiasta, que reage de forma rápida e excitante.

- **Invertida:** Notícias desagradáveis. Perda de trabalho. Desânimo. Falta de energia. Obstáculos. Indecisão. Alguém faz comentários negativos sobre nós.

O Príncipe de Paus

Príncipe de Paus

Esse arcano fala de sucesso importante relacionado ao trabalho, a um negócio ou empresa nova. Implica novas ideias e experiências, nova gente, um visitante importante, o fato de sair da rotina, decisões rápidas, ambição, carisma e energia.

Ao representar uma pessoa, frequentemente é um homem atrativo e carismático, seguro de si mesmo, amante dos esportes e dos desafios, ambicioso e valente. Outrossim, mudança positiva no trabalho, proposta de um negócio rentável e interessante, viagem de prazer ou novo romance. O príncipe de Paus sempre tem a ver com movimento (viagens), aventura, desafios, entusiasmo, decisão e carisma. Seu lado negativo é consequência dos seus muitos interesses e distrações, que tornam muito difícil à pessoa se comprometer seriamente com algo ou com alguém. Há riscos de que sua grande autoconfiança o torne vaidoso e arrogante.

- **Invertida:** Indecisão, instabilidade, falta de energia, desídia, frustração, promiscuidade, inveja, frequentes mudanças de emprego, problemas com mudança ou viagem. Falta de constância. Sucessão muito frequente de parceiro.

Rainha de Paus

A Rainha de Paus

A personalidade da Rainha combina a energia positiva do Fogo e dos Paus com o enfoque introvertido, familiar e doméstico de uma rainha.

Costuma ser a mais conhecida da classe, sempre atraente no sentido mais clássico da palavra. Seu caloroso sorriso e seus modos equilibrados fazem com que tenha muitos amigos e admiradores. Tem energia contagiosa e grande entusiasmo e, qualquer que seja o trabalho, dedica-se a ele com todo seu entusiasmo e com firme compromisso de terminá-lo. Parece que nada do que acontece é capaz de desanimá-la. Sempre está contente e de bom humor, disposta a ver o lado positivo de qualquer situação. Sua vida é muito ocupada e plena e ela gosta disso. Pode aguentar o ritmo porque sua saúde é boa e, além disso, procura se manter sempre em forma. De fato, pode ser uma boa esportista, uma vez que tem habilidade e possui um corpo forte. Apesar de todos seus dons e a grande confiança que tem em suas capacidades, não é arrogante nem presunçosa. A segurança que tem em si é consequência de saber que pode fazer praticamente tudo o que se proponha fazer.

Em uma leitura, a representação de uma mulher (ou um homem) com essas características ou, do mesmo modo, um aviso de que esse tipo de energia e de comportamento é o mais adequado nesse momento. Se esse for o caso, deixe que a Rainha de Paus o inspire e guie seus atos.

- **Invertida:** Egoísmo, mente limitada, ambição desmedida, inveja, manipulação, sedução, mentiras, infidelidade. Uma mulher neurótica e inflexível que pode nos amargurar a vida pela sua insistência em fazer as coisas do seu jeito. Uma pessoa ambiciosa, disposta a usar qualquer meio para alcançar seus fins.

O Rei de Paus

Rei de Paus

O Rei de paus é um líder natural, carismático e indiscutível. É o chefe da empresa e, ao mesmo tempo, um pai e marido muito responsável. É generoso e maduro, totalmente comprometido em um relacionamento monogâmico e dedicado à sua família. Se expressa com clareza e é um grande comunicador. Sabe mandar, conseguindo que os demais o escutem e depositem nele confiança total, posto que cria ao seu redor um ambiente de excitação e emoção, tornando-se facilmente um exemplo que deve ser seguido. Gosta da aventura e a desfruta começando novas empresas ou projetos. É observado pelos demais, muitas vezes imitado e criticado, contudo, não se importa muito com o que as pessoas pensem dele e se limita a seguir suas convicções. Gosta de correr riscos, mas antes calcula as probabilidades de sucesso e sempre confronta abertamente seus oponentes.

Sua aparição em uma tiragem ainda representa uma pessoa com tais características capaz de nos dar ajuda financeira ou expor a necessidade de incorporar em nossas vidas esse tipo de energia eufórica, decidida e responsável.

- **Invertida:**

Desacordos ou disputas. Incomodidade no trabalho por excessiva arrogância ou falta de tolerância de alguém. Não permita que se comportem de maneira agressiva ou tirana com você. Cuidado para não ser você a pessoa a ter esses excessos.

9

Uso do Tarô das Estrelas

Seu Tarô pode ser usado com diferentes propósitos, mesmo que todos eles estejam relacionados à evolução do indivíduo. Uma forma muito eficaz de utilizar o Tarô é se concentrar na imagem de um Arcano Maior durante o tempo necessário para que seus símbolos consigam realizar a missão de abrir a porta dessa biblioteca que é o subconsciente e extrair dela a informação exata que precisamos em cada momento.

O fato de olhar cada dia uma chave, durante cinco minutos, mantendo a concentração, é suficiente para alcançar resultados visíveis em pouco tempo. Aconselha-se realizar esse exercício sempre na mesma hora e ter um diário onde se possa escrever tanto as ideias que surjam durante a própria meditação – e que deverão ser automaticamente tiradas da mente para se concentrar de novo exclusivamente na carta – quanto os sonhos, os sucessos relevantes que acontecerem durante o dia, as coincidências significativas e as ideias que possam espontaneamente vir com força especial.

Independentemente disso, qualquer tipo de trabalho que precise ser feito com o Tarô das Estrelas deve ser iniciado por um bom conhecimento das cartas. A simbologia existente nos seus arcanos faz que cada carta seja como uma chave mágica, capaz de abrir as portas da percepção e fazer visível, isto é, trazer à consciência parte do conhecimento existente nesse infinito reservatório de informação que é o subconsciente. Isso permite que o Tarô seja uma ajuda de grande valor prático na hora de tomar decisões, incrementar seu nível de consciência ou no momento de se guiar e guiar os outros.

Aconselha-se que comece brincando com as cartas e pegando aquelas que mais chamem sua atenção. É conveniente que escreva em um caderno as impressões que elas provocam. Com certeza, algumas imagens se destacarão, enquanto que outras possivelmente o deixem indiferente ou até mesmo que você não goste de algumas delas. Existem pessoas que colocam uma carta embaixo do travesseiro antes de deitar ou a colocam em cima da mesa de cabeceira, anotando os sonhos ou as impressões que possam ter. Para muitos especialistas, essa familiaridade física com o baralho do tarô gera magnetização das cartas e, portanto, recomenda-se, quando isso for possível, carregar por certo tempo as cartas no bolso ou dormir com elas.

Para ser prático no uso do Tarô, como instrumento adivinhatório, sugere-se começar pelas tiragens simples que se descrevem mais adiante ou qualquer outra prática interessante. Para começar é preciso observar o significado de cada carta, uma de cada vez, escrevendo os detalhes da tiragem e da posição da carta. Recomenda-se iniciar pelas tiragens relacionadas a acontecimentos mundiais, situações políticas, amigos ausentes ou para si mesmo.

No início, aconselha-se levar em conta que se trata de desenvolvimento de habilidades, razão pela qual os resultados não devem ser levados muito a sério e muito menos nos obcecar constantemente com tiragens para nós mesmos. Se você usa as cartas com muita frequência para consultas pessoais, é possível que percam sua eficácia muito cedo e deixem de lhe mostrar um fiel reflexo da situação.

Antes de iniciar, é conveniente realizar pequeno relaxamento para liberar os pensamentos que tenham ocupado a mente anteriormente, assim também o diálogo interior. Não é bom ler o Tarô quando estivermos distraídos, aborrecidos ou fisicamente maldispostos. Tudo o que contribua para a criação de um ambiente de paz e tranquilidade é positivo. Incenso, luz tênue, música agradável e suave, uma vela acesa, um copo de cristal transparente com água e qualquer outra ajuda são bem-vindas na obtenção de relaxamento e segurança. Ademais, considerar sempre que o Tarô jamais aponta um destino inevitável, mas um presente-futuro que poderá se desenvolver de uma forma ou de outra, de acordo com a nossa atuação no momento presente e no futuro. Por meio das mudanças que fizermos em nosso caminhar modificaremos os resultados.

As tiragens

A maioria das pessoas que usa o Tarô com objetivo adivinhatório ou de consulta opta por ter uma tiragem preferida. De qualquer forma, antes de começar uma leitura é devemos saber qual tiragem utilizaremos. Algumas tiragens nos pedem que escolhamos um indicador, ou seja, uma carta que represente a pessoa que consulta. Como já foi explicado, a escolha do indiciador pode ser feita de acordo com o sexo, a idade, a personalidade ou o signo astrológico do consultante.

Em segundo lugar, o consultante deverá baralhar as cartas e após cortá-las. Não existem normas fixas acerca do número de vezes que se devem baralhar as cartas e tampouco a respeito da forma ou do número de cortes. Muitos preferem que o consultante faça três cortes com a mão esquerda e que coloque as três pilhas de cartas em forma de cruz.

Em seguida, pode-se realizar uma tiragem com as cartas da pilha superior ou ainda é possível unir as três pilhas em diferente ordem e utilizar as primeiras ou as últimas cartas do baralho para a tiragem. Se deixar levar pela intuição para identificar qual é a melhor forma de proceder é mais aconselhável do que seguir rituais aprendidos em livros. A seguir, descreveremos oito tipos de tiragens muito úteis e simples.

A tiragem de três cartas

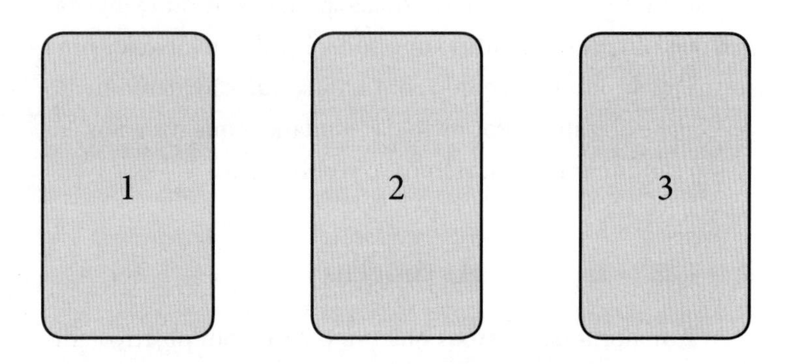

É uma das mais simples. Esta é a disposição das cartas:

A carta 1 revela a situação atual, a carta 2 representa as ações que por ventura devamos realizar e que se oferecem à nossa consideração e a carta 3 mostra os resultados esperados ao colocarmos em prática as ações aconselhadas.

Essa tiragem de três cartas permite também ser interpretada segundo o estilo do *I Ching*. Nesse caso, as cartas seriam lidas como se fossem um pensamento continuado. A primeira representa o tema principal e cada uma das seguintes vai adicionando detalhes. Além disso, podemos seguir tirando outras cartas, até ficarmos satisfeitos com a informação obtida.

A cruz de cinco cartas

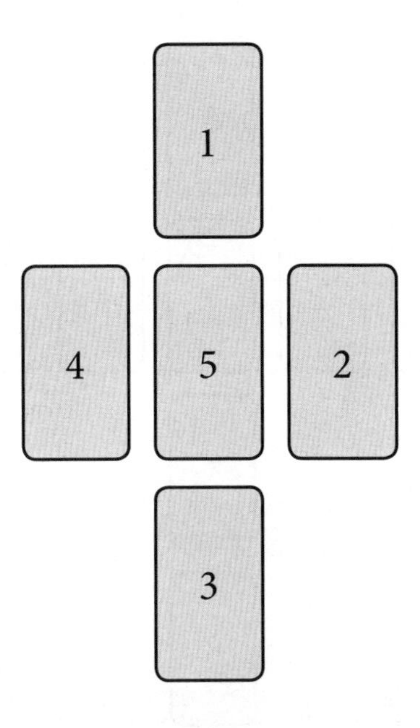

Essa é uma das interpretações mais comuns:

- Carta 1: O porquê da pergunta. Os motivos ou as inquietudes que têm levado a consultante a fazer a pergunta.
- Carta 2: O que a favorece ou prejudica. Os obstáculos, barreiras, dificuldades que por ventura se apresentem, ou pelo contrário, as ajudas ou apoios que vão permitir e facilitar que tudo dê certo.
- Carta 3: O que já foi feito. As ações e trabalhos que foram realizados e que servem de base e de fundamento para tudo aquilo que pretendemos fazer a partir de agora.
- Carta 4: A resposta à pergunta feita. O resultado que obteremos ao seguirmos os passos aconselhados.
- Carta 5: Resumo ou síntese. Essa chave unifica e sintetiza a informação dada pelas quatro anteriores.

A cruz mágica

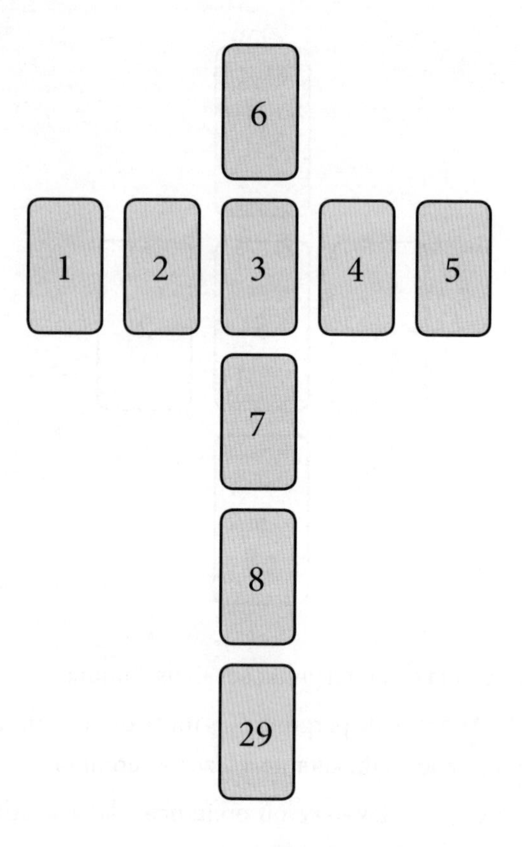

- Cartas 1 e 2: O passado
- Carta 3: O presente
- Cartas 4 e 5: O que se opõe aos nossos planos. As dificuldades, problemas e obstáculos que existem no presente ou que devem surgir.
- Carta 6: O que se espera. As esperanças, expectativas e desejos da pessoa relacionados com a consulta formulada.
- Cartas 7, 8 e 9: O futuro. A situação que teremos se forem colocadas em prática as ações aconselhadas.

Tiragem para analisar um relacionamento

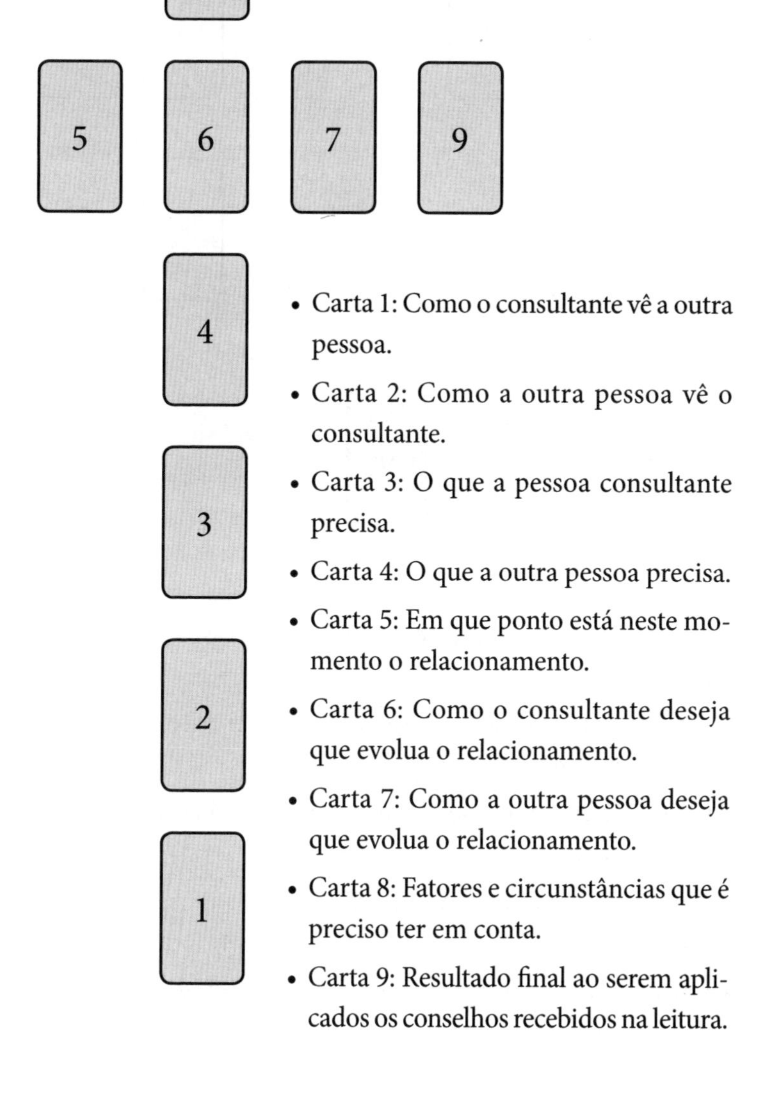

- Carta 1: Como o consultante vê a outra pessoa.
- Carta 2: Como a outra pessoa vê o consultante.
- Carta 3: O que a pessoa consultante precisa.
- Carta 4: O que a outra pessoa precisa.
- Carta 5: Em que ponto está neste momento o relacionamento.
- Carta 6: Como o consultante deseja que evolua o relacionamento.
- Carta 7: Como a outra pessoa deseja que evolua o relacionamento.
- Carta 8: Fatores e circunstâncias que é preciso ter em conta.
- Carta 9: Resultado final ao serem aplicados os conselhos recebidos na leitura.

Tiragem para pedir conselho sobre o fato de realizar ou não uma ação

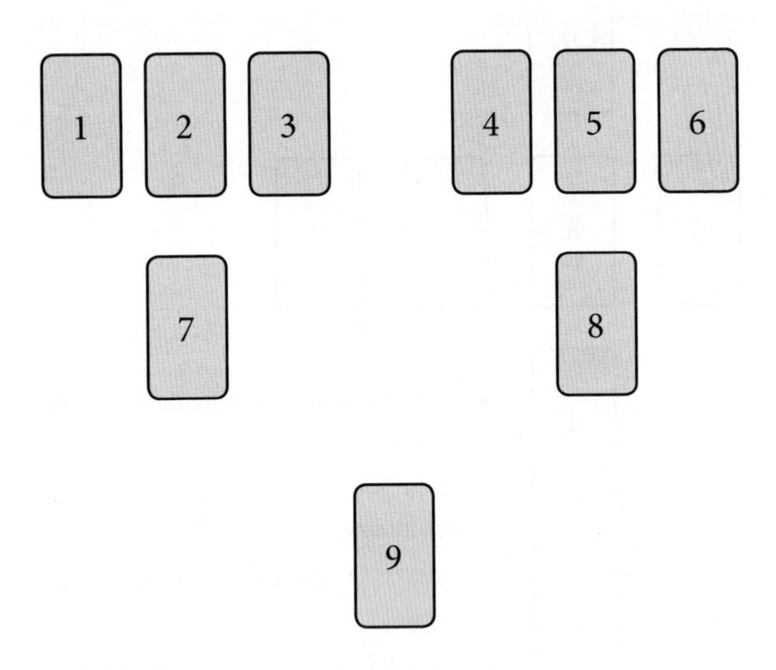

- Cartas 1, 2 e 3: O que acontecerá se a pessoa fizer o que pensa fazer.
- Cartas 4, 5 e 6: O que acontecerá se mantiver as coisas do jeito que estão agora.
- Carta 7: Resultado que o consultante obterá ao fazer o que está pensando.
- Carta 8: Resultado que alcançará ao manter as coisas do jeito que estão.
- Carta 9: Algo importante que o consultante deve saber antes de tomar uma decisão.

Tiragem sobre um relacionamento

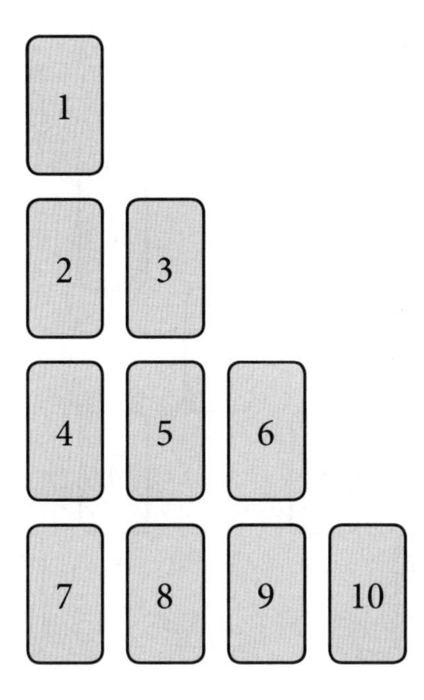

- Carta 1: História passada do relacionamento.
- Carta 2: Experiência passada do consultante nesse relacionamento.
- Carta 3: Experiência da outra pessoa nesse relacionamento.
- Carta 4: Experiência presente da pessoa no relacionamento.
- Carta 5: Experiência presente da outra pessoa no relacionamento.
- Carta 6: Estado do relacionamento no momento presente.
- Carta 7: O que o consultante pode experimentar no futuro desse relacionamento.
- Carta 8: O que a outra pessoa pode experimentar no futuro desse relacionamento.
- Carta 9: Em qual direção está indo o relacionamento.
- Carta 10: Resultado: O que pode acontecer no futuro desse relacionamento.

Tiragem sobre um relacionamento passado

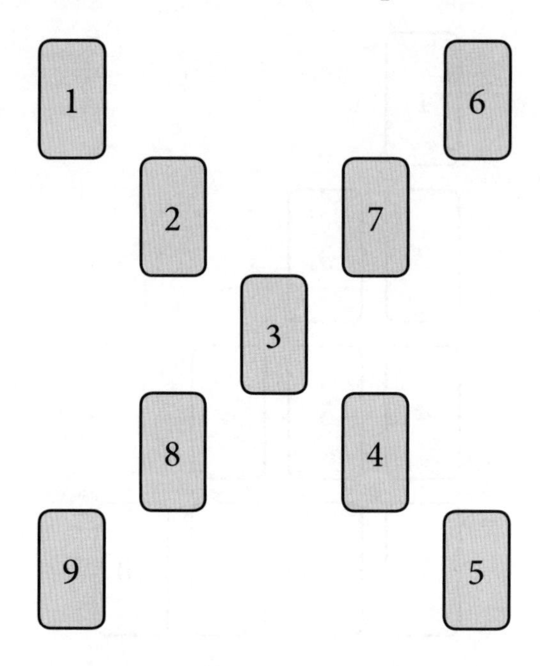

- Carta 1: História passada do relacionamento.
- Carta 2: Em que ponto está a pessoa nesse momento.
- Carta 3: Em que ponto está seu ex-parceiro/a nesse momento.
- Carta 4: O que sente realmente o consultante sobre o fato de voltar com seu ou sua ex.
- Carta 5: O que sente seu ex ou sua ex perante a ideia de voltar com o consultante.
- Carta 6: Que ou quem se opõe para que o consultante faça o que deseja fazer.
- Carta 7: Que ou quem pode ajudar para que o consultante conquiste o que deseja.
- Carta 8: Algo que o consultante deve saber sobre a situação.
- Carta 9: Resultado que se obterá ao realizar as ações aconselhadas.

Tiragem sobre um objeto perdido

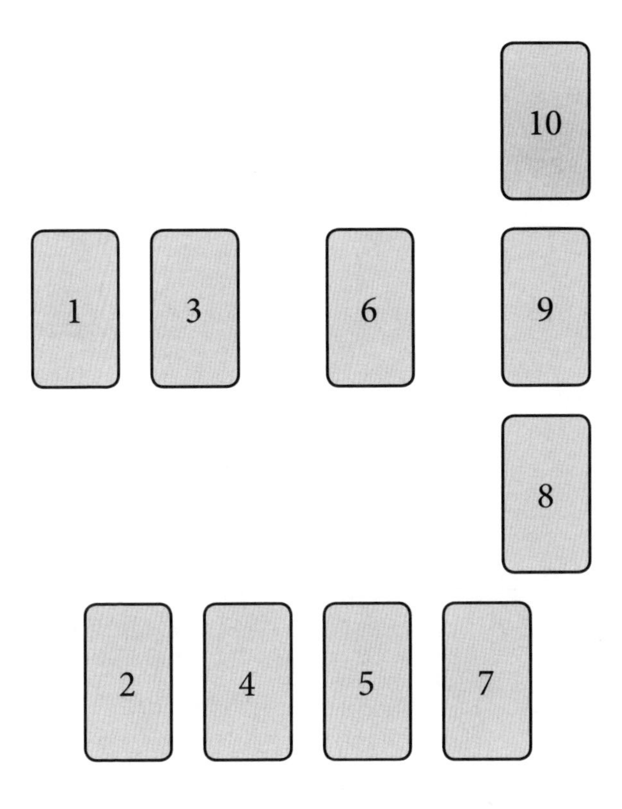

- Carta 1: O objeto que está perdido.
- Carta 2: Algo que a pessoa deve saber em relação a essa perda.
- Cartas 3 e 4: Onde é preciso começar a busca.
- Carta 5: Que ou quem pode ajudar.
- Cartas 6 e 7: Fatores que devem ser levados em conta na busca.
- Cartas 8-10: Resultado.

Tiragem sobre um objeto perdido

10

Combinação dos significados

A melhor maneira de aprender a interpretar uma carta em relação à outra é a prática. As pautas que seguem igualmente ajudam.

- Observar sempre a sequência do assunto ou da situação.
- Se acontece que uma carta parece não ter sentido, tire outra carta ou outras duas cartas pedindo uma aclaração. Se, mesmo assim, você não enxerga o sentido, vá até o final e depois faça nova leitura para a mesma questão.
- Se há vários Arcanos Maiores, eles deverão ser interpretados em primeiro lugar como os temas importantes ou primordiais. Depois disso, deverão ser interpretados os Arcanos Menores como a maneira em que serão aplicados ou se manifestarão na vida diária os temas indicados pelos Arcanos Maiores.
- Se em uma leitura particular predominam muito as figuras da corte, descreva o tipo de pessoa que cada carta representa a fim de ver se o consultante é capaz de identificar a quem se refere concretamente. Se a pessoa não os reconhece, eventualmente se refira às pessoas que vai conhecer, ou então a um tipo de energia com a qual a pessoa vai tratar em futuro próximo.

- Se ao longo de uma leitura você pensa em novo significado para uma carta em particular ou novo significado para uma combinação concreta de dois ou mais cartas, a partir desse momento você deverá utilizar o significado no qual você pensou, escrevendo-o no seu diário.

Semelhante a qualquer outra habilidade, o Tarô é algo que precisa de um treinamento e um processo de aprendizagem. A própria conexão que a estrutura interna do Tarô tem com os padrões arquetípicos de nosso subconsciente faz com que essa aprendizagem seja muito fácil e fluida, isto é, que transcorra quase sem esforço. Apesar disso, sempre será necessário um tempo de prática e exercício durante o qual a intuição e a criatividade do praticante irão paulatinamente confirmar ou modificar os significados aprendidos das outras pessoas ou dos livros.

Como já dissemos o Tarô não é mais do que um instrumento, um meio de facilitar que os conhecimentos existentes no subconsciente saiam à luz do dia. Independentemente da sua intenção ao usar o Tarô das Estrelas – para meditação, para adivinhação ou como forma de facilitar o crescimento espiritual, procure sempre estar muito atento aos sinais que, sem dúvida, virão de seu interior. Esse conhecimento direto é o único verdadeiro e real.